영어에는 일정한 패턴이 있다
영어에만 존재하는 표현들이 있다
빨리 읽고 말해야 글을 읽고 회화를 할 수 있다.

복문장 영작의 모든 것

Copyright 2012. Henry Yoo, 유현철
Printed in 2012 by Music Thyme Company

지은이 유현철
펴낸 곳 음악의 향기
표지 인쇄 명성칼라
컴퓨터 인쇄 및 제본 광동문화사
표지 디자인 Designer 최길호
초판 2012년 10월 1일
등록일 2008년 6월 22일
등록번호 제 2008-5

주소 ; 인천 강화군 선원면 창리 세광Apt 206-701호
대표전화 0502-111-2020
email ; hp-english@hanmail.net,
popjazzpiano@hanmail.net
ISBN 978-89-94182-11-7 13740

값 18,000원

복문장 영작의 모든 것

- 복문장에도 규칙이 있고
모든 문장은 코드로 표기할 수 있다 -

저자 유현철

글쓴이의 말

 영어를 공부하고 가르치면서 늘 연구하고 있는 것은 어떻게 효과적으로 빠르게 영어를 습득할 수 있게 하느냐의 문제이다. 이제까지 여러 권의 영어책은 그러한 관점에서 연구하고 가르치면서 얻은 소중한 경험과 실적을 토대로 저술된 것이다. 여기에 덧붙여 오랫동안 연구한 영어 복문장에 관한 연구결과를 소개하게 되어 기쁘게 생각한다. 영어를 아주 단순하게 생각하여 단문장과 2개 이상의 단문장이 모여서 만들어진 복문장으로 구분하고 우선 단문장에 대한 규칙성을 이제까지 발표하였다. 이제 그 대단원의 가장 중요하고 막바지에 이른 복문장 영작에 대한 소개를 하려고 한다.
 이 복문장에 대한 내용은 무엇보다도 세계 최초의 주장이 될 지도 모른다는 설레임과 자부심이다. 어떠한 영문법 책에도 복문장의 규칙적인 패턴 혹은 문법이 나와있지 않다. 접속사나 관계대명사에 대한 설명은 복문장의 개념에 지극히 일부이고 복문장이란 개념 또한 부족하다. 오랫동안 영어를 공부하고 연구한 결과 복문장을 구성하는 방법에 있어 7가지 규칙성을 발견하였다.
 규칙성이라는 것은 일종의 문법이며 이 내용이 영문법에 포함되어야 할 것이라고 생각한다. 이러한 복문장에 일정한 패턴이 있다는 사실을 영어를 모국어로 사용하는 영국인이나 미국인이 아닌 영어를 전공한 학자도 아니고 미국에 유학한 적도 없는 한국사람인 필자가 발견하고 정리하였다는 사실에 스스로 대단한 자부심을 갖는다.
 영어뿐만 아니라 어떠한 종류의 공부를 하든지 규칙성을 파악하고 익힌다는 것은 매우 효율적인 방법을 제시할 것이다. 영어를 공부할 때 늘 답답하였던 것은 번역을 하는 과정에서 '왜'가 없었다는 것이다. '왜 그렇게 번역을 하였는지'에 대한 설명은 없이 갑자기 하늘에서 뚝 떨어지듯 번역을 하고 이를 전달하는 것이 필자에게는 영어선생의 역할처럼 보였다. 이는 매우 비과학적인 것인데 많은 영어 선생들은 영국사람이 그렇게 습관적으로 수 천년 동안 말하고 발전한 것이라는 것을 그 해답으로 말하는 편이다. 분명히 이렇게 발전한 것에도 이유가 있었을 것이다. 더구나 영어는 조사가 없는 언어이기 때문에 단어를 나열하는 일정한 규칙이 있듯이 분명 여러 개의 문장을 나열할 때도 어떠한 규칙성이 있을 것이라는 가정을 하게 되었고 드디어 발견을 하면서 7가지의 패턴으로 정리하고 많은 문장에 적용한 결과 자신감을 얻게 된 것이다.

결국 모든 영어 문장은 필자가 개발한 코드로 표기할 수가 있다. 즉 코드화가 가능한 것이고 이러한 코드화는 컴퓨터를 이용해 모든 문장의 패턴들을 어떤 순서에 의해서 일정하게 정리하고 나열할 수 있다는 뜻과 동일하다. 그렇다면 영어 문장을 공부하는데 있어서 매우 과학적인 발전을 이루는 토대를 제공할 수도 있을 것이라 생각한다.

또 한가지 중요한 사실은 영작을 하는데도 이러한 규칙성을 파악하는 것은 당연히 매우 효용이 있을 것이다. 궁극적으로 영작을 배우지 못하면 회화도 할 수 없을 것이며 글도 쓸 수 없을 것이다. 복문장은 영작의 마지막 단계에서 배우는 것이며 이를 통해 보다 고급스럽고 세련된 지적인 영어를 구사할 수 있게 될 것이다. 남은 것이 있다면 문학적 측면에서 어휘력과 표현력일 것이다. 이 것은 영어학습의 차원이 아니라 국문학처럼 영문학에서 다루어야 할 분야이다.

예전 학창시절 구문론이란 영어책을 보면서 모든 문장에 대한 분석의 자료로 활용한 적이 있었는데 너무 어렵고 그림을 이해하기가 힘들어 영어공부에는 그다지 큰 도움이 되지를 않았다. 하지만 이 책에서 소개할 7가지 복문장의 패턴은 번역을 할 때나 영작을 할 때 아주 정확한 문장을 만드는데 도움을 줄 것이며 효과적인 영어학습에 혁명을 가져오리라 자신한다.

　단문장 영어를 익히는데 아무리 초보라도 1년이 채 안걸리게 될 것이고 단문장에 익숙한 사람이라면 복문장은 짧게는 6개월도 걸리지 않아 완성의 단계에 도달하게 될 것이다. 이 책을 통하여 10년씩 걸려도 변변하게 영어문장 번역도 못하고 간단한 문장 영작도 못하는 이상한 영어 학습 방법으로 고생하였던 모든 영어학습자들이 1년 남짓 기간 동안 능통한 영어를 구사할 수 있게 될 것이란 생각에 벌써 가슴이 벅차 오른다.

　영어는 그리 어려운 언어가 아니다. 그러므로 전 세계에 짧은 시간에 퍼지게 된 것이다. 왜냐하면 매우 규칙적인 언어이기 때문이다. 그 본질에는 영어의 단어를 나열하는 순서와 문장을 나열하는 순서에 일정한 규칙이 존재하기 때문이다. 아마 이는 영국사람 스스로도 잘 깨닫지 못한 것일 수도 있다.

　이 책을 통하여 영어 때문에 많은 고초를 겪은 또 지금 겪고 있는 학습자들이 해방될 것이라고 믿고 나아가서는 국가적인 영어 사교육의 문제 사교육비의 문제도 이 책을 통하여 해결되는 티핑 포인트가 될 것을 기대한다.

저자 유현철

복문장 영작의 모든 것

유 현 철

목 차

Chapter 1. 이 책으로 공부하는 방법   21
1.1 이 책은 어떤 수준의 사람이 공부할 수 있는가?   24
1.2 배워야 할 영어문장의 종류에는 어떠한 것이 있는가?   25
1.3 어떠한 순서로 공부할 것인가?   27
1.4 회화를 하기 위해서 어떠한 훈련을 추가할 것인가?   29
1.5 책의 구성   31

Chapter 2. 5형식 문장 안에서 사용된 복문장   33
2.1 1형식 안에서 주어 대신 문장이 온 경우   35
    2.1.1 what 문장이 1형식 주어 자리에 온 경우   36
    2.1.2 who 문장이 1형식 주어 자리에 온 경우   37
    2.1.3 why 문장이 1형식 주어 자리에 온 경우   38
    2.1.4 where 문장이 1형식 주어 자리에 온 경우   39
    2.1.5 when 문장이 1형식 주어 자리에 온 경우   40
    2.1.6 whether 문장이 1형식 주어 자리에 온 경우   41
    2.1.7 how 문장이 1형식 주어 자리에 온 경우   42

2.2 2형식 안에서 단어 대신 문장이 온 경우   43
    2.2.1 2형식 주어의 자리에 문장이 온 경우   44
      2.2.1.1 2형식 주어 자리에 보통 문장이 온 경우   44
      2.2.1.2 what 문장이 2형식 주어 자리에 온 경우   45
      2.2.1.3 who 문장이 2형식 주어 자리에 온 경우   46
      2.2.1.4 why 문장이 2형식 주어 자리에 온 경우   47
      2.2.1.5 where 문장이 2형식 주어 자리에 온 경우   48
      2.2.1.6 when 문장이 2형식 주어 자리에 온 경우   49
      2.2.1.7 whether 문장이 2형식 주어 자리에 온 경우   50
      2.2.1.8 how 문장이 2형식 주어 자리에 온 경우   51

2.2.2　2형식 보어 자리에 문장이 온 경우	52
2.2.2.1 보통의 문장이 2형식 보어 자리에 온 경우	52
2.2.2.2 what 문장이 2형식 보어 자리에 온 경우	54
2.2.2.3 who 문장이 2형식 보어 자리에 온 경우	56
2.2.2.4 why 문장이 2형식 보어 자리에 온 경우	57
2.2.2.5 where 문장이 2형식 보어 자리에 온 경우	58
2.2.2.6 when 문장이 2형식 보어 자리에 온 경우	59
2.2.2.7 how 문장이 2형식 보어 자리에 온 경우	60
2.2.3　2형식 주어, 보어 자리에 모두 문장이 온 경우	61
2.3　3형식에서 단어 대신 사용되는 문장	***63***
2.3.1 3형식 주어 자리에 문장이 온 경우	64
2.3.1.1 3형식 주어 자리에 보통 문장이 온 경우	64
2.3.1.2 what 문장이 3형식 주어 자리에 온 경우	67
2.3.1.3 who 문장이 3형식 주어 자리에 온 경우	68
2.3.1.4 where 문장이 3형식 주어 자리에 온 경우	69
2.3.1.5 when 문장이 3형식 주어 자리에 온 경우	70
2.3.2 3형식 목적어 자리에 문장이 온 경우	71
2.3.2.1 보통의 문장이 3형식 목적어 자리에 온 경우	71
2.3.2.2 what 문장이 3형식 목적어 자리에 온 경우	77
2.3.2.3 who 문장이 3형식 목적어 자리에 온 경우	81
2.3.2.4 where 문장이 3형식 목적어 자리에 온 경우	83
2.3.2.5 whether 문장이 3형식 목적어 자리에 온 경우	84
2.3.2.6 how 문장이 3형식 목적어 자리에 온 경우	85
2.3.3 3형식 주어, 목적어 자리에 모두 문장이 온 경우	88
2.4　4형식에서 단어 대신 사용되는 문장	***89***
2.4.1 4형식 주어 자리에 문장이 온 경우	90
2.4.2 4형식 목적어1 자리에 문장이 온 경우	91
2.4.3 4형식 목적어2 자리에 문장이 온 경우	92

2.4.3.1 보통의 문장이 4형식 목적어2 자리에 온 경우 … 92
2.4.3.2 what 문장이 4형식 목적어2 자리에 온 경우 … 97
2.4.3.3 who 문장이 4형식 목적어2 자리에 온 경우 … 98
2.4.3.4 when 문장이 4형식 목적어2 자리에 온 경우 … 99
2.4.3.5 where 문장이 4형식 목적어2 자리에 온 경우 … 100
2.4.3.6 why 문장이 4형식 목적어2 자리에 온 경우 … 101
2.4.3.7 how 문장이 4형식 목적어2 자리에 온 경우 … 102
2.4.4 4형식 주어, 목적어1 자리에 모두 문장이 온 경우 … 104
2.4.5 4형식 주어, 목적어2 자리에 모두 문장이 온 경우 … 105
2.4.6 4형식 목적어1, 2 자리에 모두 문장이 온 경우 … 106
2.4.7 4형식 주어, 목적어1,2 자리에 모두 문장이 온 경우 … 107

2.5 5형식에서 단어 대신 사용되는 문장 … 109
2.5.1 5형식 주어 자리에 문장이 온 경우 … 110
2.5.2 5형식 목적어 자리에 문장이 온 경우 … 111
2.5.3 5형식 목적보어 자리에 what 문장이 온 경우 … 112

Chapter 3. Process형의 복문장 … 113
3.1 접속사 없이 시간의 흐름대로 나열된 Pr … 115
3.2 접속사가 사용된 Pr … 116
  3.2.1 and로 연결되는 Pr … 116
  3.2.2 or로 연결되는 Pr … 118
  3.2.3 so(혹은 so that)로 연결되는 Pr … 119
  3.2.4 but로 연결되는 Pr … 122
  3.2.5 yet로 연결되는 Pr … 123
  3.2.6 otherwise로 연결되는 Pr … 124
  3.2.7 therefore로 연결되는 Pr … 125
  3.2.8 then으로 연결되는 Pr … 126
  3.2.9 besides로 연결되는 Pr … 127

3.2.10 not only, but also로 연결되는 Pr … 128
3.2.11 which로 연결되는 Pr … 129

Chapter 4. If-Then 형 복문장 (선조건 후결과) … 131

4.1 가정법 과거완료 It … 134
4.2 가정법 과거 It … 137
4.3 가정법 현재 It … 139
4.4 가정법 미래 It … 143
4.5 그 밖의 가정법 It … 144
4.6 접속사가 사용되지 않는 It … 145
4.7 접속사가 사용되는 It … 147
   4.7.1 though(although) 문장이 사용되는 It … 147
   4.7.2 even though 문장이 사용되는 It … 148
   4.7.3 anytime 문장이 사용되는 It … 149
   4.7.4 as 문장이 사용되는 It … 150
   4.7.5 as soon as 문장이 사용되는 It … 151
   4.7.6 because 문장이 사용되는 It … 152
   4.7.7 even if 문장이 사용되는 It … 153
   4.7.8 when 문장이 사용되는 It … 154
   4.7.9 whenever 문장이 사용되는 It … 157
   4.7.10 wherever 문장이 사용되는 I … 158
   4.7.11 while 문장이 사용되는 It … 159

Chapter 5. Do-While형의 복문장 … 161

5.1 접속사가 없는 Dw … 164
5.2 접속사가 있는 Dw … 165
   5.2.1 because 문장이 사용된 Dw … 165
   5.2.2 cause 문장이 사용된 Dw … 167

5.2.3 as if 문장이 사용된 Dw 168

5.2.4 if 문장이 사용된 Dw 169

5.2.5 as long as 문장이 사용된 Dw 173

5.2.6 as soon as 문장이 사용된 Dw 175

5.2.7 when 문장이 사용된 Dw 177

5.2.8 whenever 문장이 사용된 Dw 181

5.2.9 while 문장이 사용된 Dw 182

5.2.10 before 문장이 사용된 Dw 183

5.2.11 after 문장이 사용된 Dw 185

5.2.12 till 문장이 사용된 Dw 186

5.2.13 until 문장이 사용된 Dw 187

5.2.14 though 문장이 사용된 Dw 188

5.2.15 whether 문장이 사용된 Dw 189

5.2.16 since 문장이 사용된 Dw 190

5.2.17 than 문장이 사용된 Dw 191

Chapter 6.   Attach형 복문장 193

6.1 복문장을 이어주는 단어가 없는 At 196

6.2 that으로 연결되는 At 208

6.3 what으로 연결되는 At 215

6.4 who로 연결되는 At 216

6.5 where로 연결되는 At 221

6.6 which로 연결되는 At 223

Chapter 7.   본동사가 아닌 타동사의 목적어로 사용된 복문장 227

7.1 부정사가 필요로 하는 목적어 대신 온 Vo 229

   7.1.1 to 부정사 다음에 직접 문장이 온 Vo 229

   7.1.2 to 부정사 다음에 **that** 문장이 온 Vo 232

7.1.3 to 부정사 다음에 what 문장이 온 Vo   235

7.1.4 to 부정사 다음에 why 문장이 온 Vo   237

7.1.5 to 부정사 다음에 if 문장이 온 Vo   238

7.2 동명사가 필요로 하는 목적어 대신 온 Vo   239

7.3 현재분사가 필요로 하는 목적어 대신 온 Vo   240

Chapter 8. 전치사로 인해 발생한 목적어 대신 온 문장   243

8.1 전치사 with의 목적어로 문장이 온 Po   245

8.2 전치사 by의 목적어로 문장이 온 Po   246

8.3 전치사 for의 목적어로 문장이 온 Po   247

8.4 전치사 to의 목적어로 문장이 온 Po   248

8.5 전치사 in의 목적어로 문장이 온 Po   249

8.6 전치사 of의 목적어로 문장이 온 Po   250

Chapter 9. 3개 이상의 문장으로 만들어진 복문장   253

9.1 5형식 중심으로 사용된 3개 이상의 복문장   255

9.2 Process 중심으로 만들어진 3개 이상의 복문장   273

9.3 If-Then 중심으로 만들어진 3개 이상의 복문장   291

9.4 Do-While 중심으로 만들어진 3개 이상의 복문장   311

9.5 Attach 중심으로 만들어진 3개 이상의 복문장   319

9.6 본동사가 아닌 타동사 목적어에 온 3개 이상의 복문장   330

복문장 영작의 모든 것

유현철

Chapter 1. 이 책으로 공부하는 방법

Chapter 1.   이 책으로 공부하는 방법

 영어로 된 문장에서 복문장이란 2개 이상의 단문장으로 만들어진 문장을 말한다. 그러면 단문장이란 무엇인가? 단문장이란 문장을 구성하는 최소한의 단위로 기본적으로 주어와 동사가 있다는 뜻이다. 영어는 우리말과는 달리 반드시 주어와 동사가 존재한다. 우리말에서는 동사가 존재하지 않는 문장도 있지만 영어는 동사가 존재하지 않는 문장은 없다. 만일 있다면 감탄문이 있지만 이 것은 사실 완전한 문장이라고 보기는 어렵다. 물론 영어에서 명령문과 같이 주어가 없는 문장이 있지만 이는 엄밀히 말하면 주어인 'you'를 편의상 생략한 것이지 원래 없는 것은 아니다.
 영어는 단어를 나열하는 순서에 의해서 의미가 결정되는 언어이기 때문에 그 단어를 나열하는 순서로 볼 때 문장의 종류는 5가지가 있다. 우리가 영문법에서 본 적이 있는 5형식이다. 이는 단어를 나열하는 순서의 최소한이다. 이 5형식에서 볼 수 있듯이 모든 문장은 '주어 + 동사'의 순으로 시작한다. 절대 그렇지 않은 문장은 없다. 만일 있다면 문장 전체를 강조하기 위해 문장의 앞에 붙이는 것들이다. 우리는 이러한 경우를 의문문, 가정문, 조건문 등으로 의미를 부여해서 종류를 세분화 한다.
 복문장은 이러한 단문장들이 모여서 만들어지는 문장으로 영어의 초보 수준에 있는 사람은 복문장을 구사할 수 없다. 물론 그렇다 할지라도 대화를 하고 영작을 해서 타인에게 의미를 전달하는 데는 큰 문제가 없다. 하지만 단문장만으로 대화를 한다면 문장이 길어지고 군더더기가 생기며 단어의 중복이 발생하기 때문에 복문장이 필요한 것이다. 복문장을 배움으로써 비로소 중급 실력 이상의 영어를 구사하게 되는 것이다. 영어의 중급 실력이라고 하는 것은 바로 이런 복문장을 구사할 수 있는 능력을 의미한다고 볼 수 있을 것이다.

복문장을 구사할 수 있다는 의미는 크게 4가지로 세분화할 수 있다.

  첫째, 복문장으로 된 문장을 정확히 해석한다는 의미. 어떤 복문장을
       해석할 때 왜 그렇게 해석했는지 설명할 수 있어야 한다. 해석의
       이유를 정확히 설명하지 못한다면 그 해석이 맞았다는 보장이

없는 것이다. 즉 해석이 된다면 글을 읽을 수 있다는 의미가 된다.

둘째, 복문장으로 된 문장을 작성할 수 있어야 한다. 영작을 할 수 있어야 한다는 의미이다. 영작을 할 수 없다면 말을 할 수 없다는 의미와 같다. 자기가 생각하는 모든 것들을 표현하기 위해서는 당연히 복문장으로 문장을 만들 수 있어야 한다.

셋째, 복문장으로 된 문장으로 말을 할 수 있어야 한다. 복문장으로 영작을 할 순 있는데 말을 하지 못한다면 그 영어 실력은 아무 짝에도 쓸모가 없다. 한영 번역가로서 활동할 수 있는 길이 있긴 하겠지만. 보편적인 영어를 공부하는 이유의 측면에서 그렇다는 것이다. 말을 할 수 있다는 의미는 영작의 속도가 아닌 회화의 속도가 되어야 한다는 뜻이다. 그러므로 복문장 영작의 실력이 된다면 본격적으로 영작의 속도를 끌어 올려 말을 할 수 있는 수준으로 높여야 한다. 즉 복문장 영작을 하는데 1분이 걸린다면 말을 3초 안에 할 정도가 되어야 한다. 어쩌면 그 이상의 속도가 필요한 지도 모른다. 모국어는 생각과 거의 동시에 말이 나오지 않는가?

넷째, 복문장으로 된 문장을 들을 수 있어야 한다. 말은 할 줄 아는데 듣지 못한다면 사람들과 대화를 나눌 수 없다. 말을 들을 수 있다는 뜻은 책 읽는 것을 거의 회화의 속도에 가깝도록 할 줄 안다는 의미이다. 영화를 볼 때 영어자막이 나오는 경우 그 속도로 번역을 할 수 있는 수준이 되어야 한다. 번역은커녕 읽기도 바쁘다면 당연히 들리지 않을 것이다. 그렇다면 어떤 훈련을 통하면 듣는 훈련이 될 것인가? 뒤에서 설명하겠지만 필자의 주장은 영작을 회화의 속도로 할 정도의 수준이라면 즉 자기가 원하는 복문장을 회화의 속도로 영작을 해서 말을 할 수 있다면 아마 들리는 것은 저절로 해결될 것이다. 왜냐하면 자기가 할 줄 아는 말은 들리기 때문이다. 그러므로 빨리 말하는 훈련이 중요한 것이며 더불어 빨리 읽는 훈련, 빠른 번역의 훈련이 전제되어야 할 것이다.

이 책은 복문장의 종류를 소개하고 복문장을 구분하는 방법에 대해서 종류별로 예제를 보여주고 있다. 이 책을 통하여 복문장을 완벽하게 구분한다면 완벽한 번역을 할 수 있다는 말과 같은 의미가 될 것이다. 이러한 방법으로 영어를 공부하여 복문장의 종류를 완벽하게 구분하고 이해할 수 있다면 어떤 종류의 문장도 완벽하게 번역을 할 수 있게 될 것이다. 물론 빠르게 말하기를 연습한다면 수준 높은 영어를 구사할 수 있게 될 것이다. 정상적으로 영어를 배웠다면 모르는 단어를 위해 사전만 주어진다면 어떤 문장도 해석할 수 있어야 할 것이다. 속담이나 관용적인 특별한 표현이 아니라면.

1.1 이 책은 어떤 수준의 사람이 공부할 수 있는가?

이 책은 기본적으로 단문장을 완벽하게 구사할 수 있는 사람을 위한 책이다. 그러므로 단문장의 해석과 영작을 할 줄 모른다면 아마 다소 어려울 것이다. 말하는 것과 듣는 것은 별도의 훈련이 필요한 것이며 일단 단문장의 번역과 영작을 할 수 없다면 복문장은 이해하기 어려울 것이므로 그 공부를 먼저 하여야 한다. 본격적으로 단문장의 모든 문장을 해석하고 영작하고 싶다면 필자의 저서 '단문장 영작의 모든 것'을 먼저 공부하기를 권유한다. 만일 그 책도 수준이 어렵다면 역시 필자의 저서 '영어의문문 12주에 끝내기'라는 책을 보면 될 것이다. 그 책은 영어의문문을 전제로 공부하는 것이지만 5형식을 기준으로 8가지 동사의 시제를 공부할 수 있도록 체계적인 단계로 되어 있어 단문장 영어의 기초를 닦는데 크게 도움이 될 것이다.

단문장을 구사할 수 있다는 의미는 모든 단문장 종류의 문장을 해석하고 영작할 수 있다는 의미이다. 단문장의 종류에는

1. 영어 단어를 나열하는 순서의 측면에서는 5형식의 5가지가 있고,
2. 시간의 흐름에 따라 구분하는 측면으로는 8가지 동사의 시제에 따른 동사로 구분하는 8가지 시제의 단문장이 있다. (실제는 12가지)
3. 동사를 도우며 동사의 의미를 확대시키는 역할을 하는 조동사의 종류에 따른 단문장들이 있다.
4. 긍정의 의미와 부정의 의미로 구분되는 단문장이 있다.
5. Yes/No로 대답을 할 수 있는 의문문이 있고
6. 내용을 묻는 의문문이 있다. what, when, where, who 등으로 시작하는 의문문을 말한다.
7. 정도를 묻는 의문문이 있는데 이러한 문장들은 how로 시작한다.
8. 가정을 해서 말하는 가정의 단문장이 있다.

위에서 열거한 단문장들을 구사할 수 있어야 한다는 의미이다.

복문장은 이러한 단문장들이 모여서 만들어지는 문장이므로 주어가 각기 다를 수 있고 시제가 각기 다를 수 있다. 단문장이 완벽하지 못하면 이러한 복잡한 상황을 이해하기 힘들 수 있으므로 반드시 충분하게 단문장 영어 공부를 먼저 하기 바란다.

1.2 배워야 할 영어 문장의 종류에는 어떠한 것이 있는가?

이 부분이 복문장 영어책의 핵심 부분이다. 영어 복문장의 종류는 이제까지 영문법에서 다루어지지 않았던 부분이다. 필자가 영어를 가르치면서 보다 체계적이고 효과적인 학습을 위해 복문장의 일정한 규칙을 발견한 것이다. 영어는 매우 규칙적인 언어이기 때문에 단문장과 마찬가지로 복문장도 분명 일정한 규칙이 있을 것이라 짐작하고 있었다.

영어 문장의 중요한 개념은 의미를 전달하기 위하여 가장 중요한 단어부터 나열하는 순서의 언어라는 것이다. 그러므로 주어부터 시작하는 것이고 그 다음 그 주어의 동작을 설명하는 것이다. 간혹 문장 전체에 영향을 주는 단어는 문장의 제일 앞에 위치한다. 즉 문장의 앞부분만 들으면 일단 어느 정도 전달하고자 하는 의미의 파악이 가능하다는 얘기다. 복문장도 기본적인 개념은 중요한 순이라고 볼 수 있다. 결국 영어는 듣는 사람을 중심으로 하는 청자의 언어이기 때문에 앞부분이 중요한 것이고 이 말은 문장의 뒤에서부터 단어를 제거하여도 전체 문장에 영향을 덜 받는다는 것과 같은 의미이다.

이러한 복문장의 종류는 일단 영어 번역을 할 때 결정적으로 크게 도움이 될 것이다. 왜 그렇게 번역을 하였는지 이유의 설명이 가능하고 근거가 되는 것이다. 마찬가지로 영작을 할 때도 이러한 규칙을 알면 훨씬 영작이 쉬울 것이고 왜 그렇게 문장을 구성하고 단어를 나열하였는지 설명이 가능할 것이다. 이러한 실력을 갖추면 영어 문장의 틀린 부분을 찾는 것도 그다지 어렵지 않게 될 것이다.

복문장의 종류는 다음과 같은 7가지로 구분할 수 있다.

1. 영어문장의 5형식에서 주어, 목적어, 보어, 목적보어 등의 위치에 단어 대신 문장이 사용된 경우이다. 그러니까 영어문장의 5형식을 몰라서는 이러한 형태의 복문장의 구사는 어려울 것이다. 5형식 Pattern 안에서 이루어진 문장이라고 하여 <u>Five patterns의 첫 자를 따서 Fp라고 코드를 부여하였다.</u>
2. 시간의 흐름에 따라 자연스럽게 문장을 나열하는 방식으로 우리말과 순서가 같기 때문에 비교적 복문장을 만들기 수월하다. <u>Process형이라고 이름을 붙이고 Pr이라고 코드를 부여하였다.</u>
3. 선조건 후결과형의 문장으로 먼저 문장의 조건이 제시되고 그 후에 그 결과가 문장으로 오는 것이다. 대표적인 예가 가정법의 문장들이다. 가정법에서 이름을 따와 <u>If-Then형이라고 이름을 부여하고 코드는 머리글자를 따서 It라고 하였다.</u>
4. 이제부터는 우리말과 순서가 달라지기 때문에 다소 어려울 것이다. 선결과 후조건의 형태로 3번의 It형과 반대의 경우이다. <u>Do-While형이라 이름을 붙이고 머리글자를 따서 Dw라고 하였다.</u>
5. 어떤 단어의 뒤에서 그 단어를 설명하기 위해 문장이 온 경우이다. <u>Attach형이라고 이름을 부여하고 코드로는 At라고 하였다.</u>
6. 문장의 본동사가 아닌 동사 즉 부정사, 동명사, 현재분사로 나오는 동사가 타동사라면 목적어가 필요한데 이 때 단어 대신 문장이 온 경우이다. <u>타동사의 목적어라고 하여 Verb for object라고 이름을 붙이고 Vo라는 코드를 부여하였다.</u>
7. 전치사의 목적어가 문장으로 온 경우이다. <u>Preposition for Object라고 이름을 붙이고 Po라는 코드를 부여하였다.</u>

이와 같이 7가지 종류의 복문장이 존재한다. 필자가 많은 영어책과 인터넷에서 소개되는 각종 Article로 분석을 한 결과 완벽하게 위의 7가지로 분류됨을 파악할 수 있었다.

만일 3개 이상의 문장으로 구성된 복문장이 있다면 위의 코드를 적절하게 사용함으로써 모든 영어문장을 코드로 표현하는 것이 가능할 것이다. 이러한 코드의 부여는 영어문장을 연구하고 분류하는데 크게 기여할 것으로 생각된다. 또한 영어 공부를 할 때 힌트를 주거나 단초를 제공할 때 또는 번역을 할 때 영작을 할 때 영어선생과 학습자를 연결해 주는 도구로도 활용될 것이며 코드의 확인만으로도 많은 문장을 효과적을 짧은 시간에 지도하고 확인하고 검증할 수 있을 것이다.

복문장의 종류를 7가지 패턴으로 분류한다는 것은 영문법의 한 획을 긋는 획기적인 발견이다. 어쩌면 영국사람들도 발견하지 못할 수도 있다. 모국어이기 때문에 너무나 습관에 젖어 오히려 객관적인 시각으로 자신의 언어를 바라볼 수 없을 것이다. 학문의 궁극적인 목표는 자연의 무질서에서 질서를 찾는 것이다. 이러한 측면에서 영어의 복문장에서 패턴이 있다는 것은 영어교육학문에 커다란 발전을 가져올 것이다. 또한 이를 영어학습에 적용한다면 대단한 효율성과 체계를 제공하게 될 것으로 필자는 확신한다.

1.3   어떠한 순서로 공부할 것인가?

공부에는 순서가 중요하다. 지금 시중에 나와있는 교과서를 포함한 대부분의 영어책들이 필자의 입장에서 보면 잘못된 순서 체계를 갖고 있다. 대표적인 것들이 아직 설명하지 않은 문장의 종류들이 마구 뒤섞여 있는 것이다. 예를 들면 부정사를 설명하면서 아직 배우지도 않은 가정의 문장이 있다든가 의문문은 배우지도 않았는데 동명사의 예문에 의문문이 나오는 식이다. 교육학의 입장에서 보면 코스웨어(Courseware)가 중요하다는 의미이다.

영어를 처음 배우기 시작하는 초등학교 때부터 고등학교 3학년을 마칠 때까지 학년별로 배워야 할 단계를 정하고 아직 배우지 않은 단계의 문장은 미리 나오지 않아야 할 것이다. 수학에서처럼 단계별로 잘 진행이 되어야 기초가 탄탄하게 발전할 것이다. 지금처럼 영어의 체계가 잘 정리되어 있지 않다면 학습자는 매우 혼란스럽고 교과서나 참고서에 근거해서 가르치는 학생이나 선생은 어떻게 무엇을 가르쳐야 할 지 매우 난감하게 될 것이다. 결국 지금까지의 영어 교육의 방법은 단적으로 말하면 오로지 외우는 암기 방식에 의존하는 것이나 다름 없다.

필자가 저술한 '단문장 영작의 모든 것'을 보면 순서가 매우 체계적으로 되어 있고 아직 배우지 않은 문장의 종류는 앞에 나와 있지 않다. 또 가급적 적은 종류의 문장을 계속 진도가 나갈 때마다 활용하고 변화시켰기 때문에 같은 문장이 어떻게 변화하는지 잘 알 수가 있다. 다른 책들은 너무나 많은 예문들을 중구난방으로 사용하여 서로 연관성을 찾을 수 없을 뿐만 아니라 변화하는 부분을 쉽게 파악할 수가 없다.
그러므로 영어를 배우는 단계는 매우 중요한 것으로 이러한 단계에 체계에 의해서 1년 안에 마칠 수도 있고 10년 가까운 세월을 헛되이 보낼 수도 있을 것이다.

 이 책에서는 목차에 나와 있는 순서를 따라가면 될 것이다. 즉 이 책의 순서대로 차례로 진행을 하면 단계별로 진화하고 있는 자신을 느끼게 될 것이다. 만일 좀 더 많은 연습이 필요하면 서점에서 수준에 맞는 영어로 된 한글 번역이 전혀 없는 책을 구매해서 공부를 하며 이 책에서 배운 복문장의 종류를 분류하고 코드화하면서 완벽하게 복문장을 익히게 될 것이다.
 어느 정도 복문장에 대한 분류와 분석이 끝나면 이를 토대로 복문장 영작 연습을 통해 완성의 단계에 도달할 수 있을 것이다. 이 책에도 내년 상반기에는 각 장르별로 연습문제를 추가한 개정판이 나올 것이다.

   그러므로
   1. 5형식에서 사용된 복문장
   2. 시간의 흐름에 따라 나열되는 복문장
   3. 선조건 후결과 형태의 복문장
   4. 선결과 후조건 형태의 복문장
   5. **Attach**(첨부) 형태의 복문장
   6. 타동사의 목적문장 형태의 복문장
   7. 전치사의 목적문장 형태의 복문장
   8. 3개 이상의 문장으로 구성된 복문장 (위의 복문장 형태의 복합형)

의 순으로 공부하면 난이도를 높여 가면서 배우는 효과를 느끼게 될 것으로 점진적으로 복문장에 대한 이해가 완벽해 질 것이다.

1.4   회화를 하기 위해서 어떠한 훈련을 추가할 것인가?

 영어회화를 한다는 것은 크게 두 가지로 생각할 수 있다. 말하는 것과 듣는 것이다. 말하는 것은 영작을 빠르게 하는 것이라고 할 수 있다. 이제까지 영작을 배웠다면 영어로 말을 하기 위해서 필요한 것은 빨리 말하는 훈련이다. 외우는 방법처럼 좋은 것은 없지만 외우는 것은 망각이라는 것이 있기 때문에 기억을 유지시키는 노력이 끊임없이 요구된다. 결코 쉬운 일이 아니다. 그렇기 때문에 영어에는 왕도가 없다는 말이 나오는 것이고 독한 사람만 영어회화에 성공하게 되는 것이다.
 외우는 방법은 너무나 비효율적이다. 이제까지 여러분들이 영작을 배웠다면 빠르게 영작하는 것은 읽는 훈련으로 충분하다. 이 책을 반복해서 읽던가 아니면 필자가 저술한 다른 영어책을 읽는 것을 권한다. 특히 '생활국어 영어로 말하기'를 권한다. 영어를 읽는 훈련은 영어를 외우게 하는 것이 목적이 아니라 비슷한 패턴의 문장을 확실하게 각인시키고자 하는 게 목적이다. 그러므로 반복해서 읽는 것처럼 좋은 것은 없다. 최종적인 목적은 한글로 된 문장을 보고 영어로 5초 안에 영어로 말할 수 있도록 하는 것이다. 이렇게 한다면 영어회화가 가능한 속도라고 볼 수 있다.
 '생활국어 영어로 말하기'의 또 하나의 특징은 우리말은 존칭어가 있다는 점이다. 같은 말이라도 존칭어로 영어를 익혔다가 비존칭어로 하면 생각이 잘 나지 않을 수가 있다. 그래서 우리가 연습하여야 할 것은 생활영어가 아니라 우리가 평소에 생활하면서 사용하는 존칭어, 비존칭어 가리지 않고 같은 표현을 다르게 하는 우리말에 대한 적응이 필요한 것이다.

 많은 사람들이 듣기 훈련을 위해 영어 방송을 청취하는 것을 볼 수 있다. 그러나 한가지 중요한 사실은 일단 번역의 수준을 끌어 올려서 청취가 가능한 영어 문장을 정확하게 번역할 수 있어야 한다. 번역을 하지 못하는 문장이 귀에 들릴 리가 만무하다. 그러니까 영어청취능력은 빠른 번역이라고 볼 수 있다. 순간적으로 듣고 번역하는 것이다.
 영작훈련을 통해 정확한 영작이 가능해진 상태에서 빠른 읽기를 통해 영어로 말하기가 가능하다면 듣기는 저절로 해결될 것이다. 자기가 할 수 있는 말은 다 들리게 되어 있다. 단 할 수 있는 말이란 표현은 회화의 속도로 말을 할 수 있어야 한다는 의미이다. 듣기가 빠른 번역이라고 하지만 순간적으로 듣고 이해를 해야지 아무리 빠르다고 해도 번역의 과정을 거칠 수는 없는 것이다. 이 것은 모국어와 마찬가지이다. 들으면서 동시에 이해하는 것이다. 그러니까 영어로 말하는 속도가 회화의 속도와 같다면 분명히 듣기는 저절로 해결될 것이다.

그렇다고 해도 미국영화나 드라마 혹은 뉴스 같은 것이 쉽게 들리지 않는다고 생각하는 사람들이 있다면 그것은 책을 많이 읽지 않아서이다. 물론 지식층의 미국인 친구들이 많이 있어서 늘 대화를 나누고 지적 정보를 교환한다면 책을 읽지 않고도 영어의 수준을 높일 순 있지만 영어회화의 수준이 낮은 사람을 미국 사람들이 과연 상대해 줄 것인가를 생각해 볼 필요가 있다.

한국에서도 초등학교도 나오지 못하고 책을 거의 읽지 않은 사람이 TV에서 나오는 법정 드라마나 수준 높은 토론 프로그램을 이해할 수 있을까? 우리가 한국어를 잘하기 위해서 이제까지 한 노력은 무엇인가? 가만히 생각해 보면 그것은 크게 두 가지로 나눌 수 있다. 하나는 사람들과의 교류를 통해서 얻은 지식이고 또 하나는 책을 통해서 얻은 지식의 결과이다. 그러므로 여러분들이 영어회화를 유창하고 지적으로 하고 싶다면 책을 많이 읽어서 미국과 영국의 역사, 문화 등을 충분히 알고 익혀야 하는 것이다.

우리나라에서도 지적인 사람이라는 의미는 책을 많이 읽은 사람이라고 해도 과언이 아닐 것이다. 그러니까 영작훈련을 통해서 미국의 초등학교 1-2학년의 수준의 영어회화가 가능하게 된다면 이제부터 영어책 혹은 영어신문 같은 종류의 책이나 글을 늘 읽고 살아야 한다. 우리말도 그렇게 하지 않았는가?

사실 10살 정도의 아이가 구사하는 언어 능력이라면 구조적으로는 더 이상 배울 것이 없을 것이다. 이 것은 영어나 우리나라 말이나 아니면 전 세계의 어느 나라말도 마찬가지로 생각이 된다. 문장의 구조로 보았을 때 10살 어린이 정도가 구사하는 수준 이상의 구조는 별로 없다고 생각한다. 다만 어휘력이나 표현력이 풍부해 지는 것이고 지식이 풍부해 지는 것이다. 그러므로 여러분들이 진정 영어를 잘하고 싶다면 우선적으로 모든 종류의 영어 문장을 만들 수 있고 말할 수 있으며 번역하고 들을 수 있는 수준까지 끌어 올린 다음 책을 읽기 시작하여야 하는 것이다. 필자도 영어를 가르칠 때 이 정도 수준에 오른 사람들에게는 스스로 좋아하는 수준에 맞는 영어책을 선택하게 한 다음 그 책으로 공부를 한다. 즉 필자에게 배우는 사람은 각자 공부하는 책이 다르게 된다. 필자가 가르쳐 주고 싶은 것은 스스로 책을 읽고 재미를 느끼게 하려는 것이다. 책이 재미있거나 유익하거나 둘 중 하나를 느끼기 시작한다면 그 다음부터는 혼자서도 충분히 공부를 할 수 있게 될 것이다.

1.5 책의 구성

 이 책은 7가지 형태의 복문장을 위에서 소개한 순서대로 나열되어 있으며 마지막 장에서는 3개 이상의 문장으로 구성된 복문장을 소개하고 있다. 이 장을 통하여 코드 부여방식을 익히게 될 것이다. 그렇다면 여러분들은 어떤 종류의 영어문장을 만나도 코드를 부여할 수 있게 될 것이다. 이렇게 부여된 코드를 통해서 선생은 맞는지 틀렸는지 평가가 가능하고 짧은 시간에 많은 문장의 점검이 가능해 질 것이다. 모든 문장을 번역해서 그 문장의 맞고 틀리는 것을 검증하는 것은 학습자나 선생에게 너무나 큰 부담이며 짐이 될 것이다.
 혹시라도 이러한 코드 부여를 통한 영어학습을 하고 싶은데 검증을 원한다면 필자에게 보내도 좋다. 필자가 가능하면 여러분의 영어 공부를 돕기 위해서 일일이 답을 할 용의가 있다. 하루 10건이 넘지 않을 정도로 문의가 폭주하지 않는다면 코드 부여의 오류 여부에 대한 응답을 할 것이다.
 이렇게 모든 영어 문장을 복문장의 관점에서 분석하고 분류할 수 있다면 당연히 정확한 번역을 하였다고 볼 수 있다. 복문장 영작을 연습하기 전에 먼저 복문장의 파악이 절대적으로 필요한 부분이다.

Chapter 2. 5형식 문장 안에서 사용된 복문장

Chapter 2. 5형식 문장 안에서 사용된 복문장

영어라는 언어는 단어를 나열하는 순서에 의해 단어의 성격이 결정되는 언어이므로 그 순서가 대단히 중요하다. 그 순서의 규칙이 바로 5형식이고 5형식 문장 안에서 사용되는 복문장은 그 5형식 안에서 사용되는 단어를 대신하여 문장이 왔다는 의미이다. 예를 들면 주어, 목적어, 주격보어, 목적격보어의 자리에 단어 대신 문장이 왔다는 의미이다. 그래서 필자는 이러한 경우의 복문장을 Five Patterns 중에서 사용되었다고 하여 약어로 'Fp' 혹은 'F'라고 사용할 것이다.

2.1   1형식 안에서 주어 대신 문장이 온 경우

5형식 중에서 1형식 즉 '주어 + 동사'의 순으로 나열되는 문장에서 주어의 자리에 문장이 온 경우를 말한다. 흔히 이러한 경우를 '주절'이라고 한다. 필자는 '절'이라는 용어를 별로 좋아하지 않고 의미가 쉽게 다가오지 않기 때문에 이 책에서 그냥 '문장'이라는 용어를 계속 사용할 예정이다.
그리고 앞으로 전개될 7가지 복문장의 형태 중에서 제일 첫 번째로 나오는 복문장의 형태이기 때문에 코드로 표시할 때 '1' 혹은 다섯 가지 형식의 패턴(In Five Patterns)이라는 의미에서 약어로 'Fp'로 표시할 것이다.
그러므로 5형식 중에서 1형식의 주어 자리에 문장이 왔기 때문에 '111' 혹은 'Fp11'이라는 기호로 표시할 것이다. 첫 자리의 '1' 혹은 'F'는 복문장 중에서 5형식의 문장(Five Patterns) 안에서 사용된 복문장이라는 의미이고 두 번째 자리에 있는 '1'은 5형식 중 '1형식'이라는 의미이다. 그리고 세 번째인 마지막 자리 '1'은 주어의 자리에 문장이 왔다는 의미이다. 1형식은 주어의 자리 이외에 문장이 올 자리가 없으므로 'Fp11' 밖에 없다.

2.1.1 What 문장이 1형식 주어 자리에 온 경우

주어의 자리에 'what'으로 시작하는 문장이 온 경우이다. 우리가 흔히 영문법에서 관계대명사 'what'이 사용되었다고 하는데 여기서는 문장과 문장을 연결해 주는 관계적으로 사용된 대명사는 아니다. 오히려 'what'의문문을 사용하였다고 하는 편이 훨씬 이해가 편하고 타당할 것이다.
(code ; Fp11)

1형식 예문)
내가 원하는 것은 거기에 없어.
What I want is not there.

주어(주절)	동사 + …
What I want	is not there
현재	현재

해설
- 주어의 자리에 문장이 왔기 때문에 주절이라고 한다. 이 문장은 'what' 의문문이라고 해도 된다. 이렇게 what이 이끄는 문장의 내용이 단수인지 복수인지 구별이 어려운 경우는 단수로 취급한다. 그래서 주동사가 'is'가 된 것이다.
- 주절의 문장은 3형식이다. 'want'의 목적어가 없는 이유는 일종의 의문문이기 때문에 목적어인 'what'가 문장의 맨 앞으로 온 것이다.
- 일반 동사의 부정은 'not'을 강조하고자 하는 동사의 앞에 붙인다. 이 때 부정을 더 강조하기 위해 앞에 'do(does)'나 과거형인 경우 'did'를 붙인다. 그러나 'be' 동사는 그 앞에 붙이지 않고 'be' 동사의 뒤에 'not'을 붙인다. 정확히 말하면 'be' 동사의 뒤에 붙이는 것이 아니라 그 다음 강조하고자 하는 단어의 앞에 붙인다. 아마도 'be' 동사의 의미인 '존재'를 부정할 수는 없기 때문에 그렇게 발전했을 것이라 보인다. 물론 말을 빨리 하기 위하여 '조동사 + not'을 혹은 'be + not'을 묶어서 약어로 표기하고 발음한다.

2.1.2 Who 문장이 1형식 주어 자리에 온 경우

주어의 자리에 'who'로 시작하는 문장이 온 경우이다. 주어를 'who'로 한 의문문이 사용되었다고 하는 편이 훨씬 이해가 편할 것이다. (code ; Fp11)

1형식 예문)

네가 어제 쇼핑몰에서 만났던 분이 우리 집 근처에 살아
Who you met at shopping mall yesterday lives near my home.

주어(주절)	동사 + ….
Who you met at shopping mall yesterday	lives near my home.
과거	현재

해설

- 주어의 자리에 문장이 왔기 때문에 주절이라고 한다. 이 문장은 'who' 의문문이라고 해도 된다. 이렇게 'who'가 이끄는 문장의 내용이 단수인지 복수인지 구별이 어려운 경우는 단수로 취급한다. 그래서 주동사에 's'가 붙어 'lives'가 된 것이다.
- 주절의 문장은 3형식이다. 'met'의 목적어인 대상인 'who'가 문장의 맨 앞으로 온 것이다. 'who' 의문문을 붙여 놓은 것과 같다.

2.1.3 Why 문장이 1형식 주어 자리에 온 경우

주어의 자리에 'why'로 시작하는 문장이 온 경우이다. 주어를 'why'로 하는 의문문을 사용하였다고 하는 편이 훨씬 이해가 편할 것이다.
(code ; Fp11)

1형식 예문)

그 사람이 왜 그 섬에서 살아야 하는 지 알려져 있지 않아요.
Why he lives for in the island is never known.

주어(주절)	동사
Why he lives for in the island	is never known
현재	현재

해설

- 주어의 자리에 문장이 왔기 때문에 주절이라고 한다. 이 문장은 'why' 의문문이라고 해도 된다. 이렇게 'why'가 이끄는 문장의 내용이 단수인지 복수인지 구별이 어려운 경우는 단수로 취급한다. 그래서 주동사에 'is'가 온 것이다.
- 여기서 동사는 'is never known'이다. 필자는
  'be + 과거분사 + 전치사'까지를
  넓은 의미의 동사라고 간주한다. 여기에 부정을 의미하는 부사 'not' 혹은 'never'도 전부 동사의 범위에 포함한다.
- 주절에서 'why'의 문장이 아니라면 그 이유는 'lives for' 다음에 그 단어들이 위치하여 있을 것이다. 따라서 'why'가 주어가 와도 'for'가 여전히 있어야 하는 것이다.

2.1.4 Where 문장이 1형식 주어 자리에 온 경우

주어의 자리에 'where'로 시작하는 문장이 온 경우이다. 주어를 'where'로 한 의문문을 사용하였다고 하는 편이 훨씬 이해가 편할 것이다.
(code ; Fp11)

1형식 예문)

네가 살아야 할 곳이 바로 여기야
Where you should live is just here.

주어(주절)	동사 + …
Where you should live	is just here.
과거	현재

> **해설**
>
> - should는 shall의 과거이지만 현재형으로 사용되며 강한 권고, 제안의 용도로 동사 앞에서 사용된다. 여기서는 그 내용의 의미로 보아 현재형으로 간주하여 사용된 것이다.
> - 주절을 직역하면 '네가 살고 있어야 할 곳'이 된다. 현재 살고 있는 곳이란 의미로 말하고 있지만 이미 살고 있는 곳이기를 강조하는 의미로 'should'를 사용한 것이다.
> - 주절의 문장도 역시 1형식이다.

2.1.5 when 문장이 1형식 주어 자리에 온 경우

주어의 자리에 'when'으로 시작하는 문장이 온 경우이다. 주어를 'when'으로 하는 의문문을 사용하였다고 하는 편이 훨씬 이해가 편할 것이다.
(code ; Fp11)

1형식 예문)

언제 그 사람이 죽었는지 서류에서 찾을 수가 없었어요.
When he was dead couldn't be found in the paper.

주어(주절)	동사
When he was dead	couldn't be found in the paper.
과거	과거

해설

- 'be + 과거분사'도 필자는 크게 하나의 동사의 개념으로 보고 있다. 그렇지 않으면 'be + 현재분사'는 넓은 의미의 동사로 간주하고 'be + 과거분사'는 2형식으로 간주한다면 일관성이 없이 모순이 발생하기 때문이다. 즉 예를 들어 'I go'의 현재진행형이 'I am going'이라고 할 때 이 문장을 2형식이라고 간주하기가 어렵다. 단순히 시제만 바뀌었을 뿐 여전히 1형식으로 보는 것이 합리적이다. 그러므로 'be + 과거분사'도 하나의 동사로 간주하는 것이 합리적이고 일관성이 있다.
흔히 이러한 경우를 '수동태'라고 보는 견해도 있는데 이것은 더욱 아니다. 수동태는 전치사를 동반할 때 능동의 반대인 수동의 존재 의미가 되는 것이다.

2.1.6 whether 문장이 1형식 주어 자리에 온 경우

주어의 자리에 'whether'로 시작하는 문장이 온 경우이다. 'whether' 의문대명사는 의문문에 사용되기 보다는 간접의문문에 더 많이 사용된다. 즉 다른 문장과 함께 사용되는 경우가 많다.
(code ; Fp11)

1형식 예문)

그들이 거기에 머물렀는지 아닌지는 정확한 증거와 함께 곧 밝혀질 것입니다.
Whether they stayed there last night or not will be figured out soon with exact evidence.

주어(주절)	동사
Whether they stayed there last night or not	will be figured out soon with exact evidence.
현재	현재

해설

- 'be + 과거분사' 형태의 동사가 사용되었으며 조동사 'will'과 함께 사용되어 미래의 어떤 상태가 될 것을 의미한다.
- 주절의 문장은 1형식이다.

2.1.7 how 문장이 1형식 주어 자리에 온 경우

주어의 자리에 'how'로 시작하는 문장이 온 경우이다. 'how'로 시작하는 의문문이 주어로 온 것이다. 대부분의 의문대명사로 시작되는 문장이 다른 문장과 같이 사용될 때는 의문문을 붙여 놓은 복문장이라고 이해하면 편할 것이다. 다만 의문대명사 앞에 의문대명사의 의미와 일치하는 단어가 있을 때는 의문대명사가 이후에 나오는 문장과 매개 역할을 하기 때문에 관계대명사라고 칭한다. 만일 관계대명사 앞에 이를 의미하는 단어가 없다면 이것은 명백히 의문문을 붙여 놓은 형태라고 할 수 있다.
(code ; Fp11)

1형식 예문)

지금 그 요리가 전자레인지 안에서 어떻게 요리되고 있는지 보이지 않고 있어요.
How the food is cooking in the microwave now is not showing.

주어(주절)	동사
How the food is cooking in the microwave now	is not showing.
현재 진행	현재 진행

해설
- 이 문장의 경우 주절은 의문문의 형태이다.
- 주절의 문장은 2형식이라고 볼 수 있고 주어에 대한 설명을 하고 있는 주격 보어의 내용이 'how'이고 의문문이므로 문장의 맨 앞에 온 것이다.

2.2 2형식 안에서 단어 대신 문장이 온 경우

5형식 중에서 2형식 즉 '주어 + 동사 + 주어를 설명하는 말(주격 보어)'의 순으로 나열되는 문장에서 주어와 보어의 자리에 문장이 온 경우를 말한다. 흔히 이러한 경우에서 주어의 자리에 온 경우를 '주절'이라고 하고 보어의 자리에 온 경우를 '보어절' 혹은 '주격보어절'이라고 하지만 필자는 '절'이라는 용어를 별로 좋아하지 않고 의미가 쉽게 다가오지 않기 때문에 위에서 언급한 바와 같이 그냥 '문장'이라는 용어를 계속 사용할 예정이다. 앞으로 전개될 7가지 복문장의 형태 중에서 제일 첫 번째로 나오는 복문장 즉 5형식 안에서 사용하는 복문장의 2 번째인 2형식에서 사용되는 복문장이기 때문에 코드로 표시할 때 'Fp2x' 혹은 '12x'로 표시할 것이다. 'x'는 주어의 위치를 의미한다.

그러므로 5형식 중에서 2형식의 주어 자리에 문장이 오면 '121' 혹은 'Fp21'이라는 기호로 표시할 것이다. 첫 자리의 '1' 혹은 'Fp'는 복문장 중에서 5형식의(Five Patterns) 문장 안에서 사용된 복문장이라는 의미이고 두 번째 자리에 있는 '2'는 5형식 중 '2형식'이라는 의미이다. 그리고 세 번째인 마지막 자리 '1'은 주어의 자리에 문장이 왔다는 의미이고 보어의 자리에 문장이 오면 '123', 혹은 'Fp23'으로 표시할 것이다. '3'은 3번째 자리에 문장이 왔다는 의미이다.

2.2.1 2형식에서 주어의 자리에 문장이 온 경우

2.2.1.1 2형식에서 주어의 자리에 보통 문장이 온 경우

주어의 자리에 일반 문장이 온 경우이다. 즉 관계대명사나 의문대명사 등이 사용되지 않고 일반 평서문이 온 경우이다.
(code ; Fp21)

2형식 예문)

내가 크리스마스에 원하는 모든 건 바로 너야.
All I want for Christmas is just you.

주어(주절)	동사 + 주어를 설명하는 말(보어)
All I want for Christmas	is just you.
현재	현재

해설

- 주어의 자리에 문장이 왔기 때문에 주절이라고 한다.
- 주절에서 'All'이 문장의 주어이고 그 뒤의 문장은 'all'을 설명하는 'Attach형'이라고도 볼 수 있지만 '모두'라는 의미는 여기서는 그 뒤의 문장 전체를 꾸미기 위해서 존재하는 부사이기 때문에 실질적으로 주어라고 보기에는 무리이다. 전체를 주어(주절)라고 보는 것이 합리적이다.
- 주절의 문장은 3형식이다. 'want'의 목적어는 'all'이며 강조하기 위해 문장의 앞에 위치하도록 한 것이다.

2.2.1.2 What 문장이 2형식에서 주어 자리에 온 경우

주어의 자리에 'what' 의문대명사로 시작하는 문장이 온 경우이다. 'what' 문장 전체가 2형식 중 주어의 자리에 위치한 것이다.
(code ; Fp21)

2형식 예문)

내가 원하는 것이 이것입니다.
What I want is this.

주어(주절)	동사 + 주어를 설명하는 말(보어)
What I want	is this.
현재	현재

해설

- 주어의 자리에 문장이 왔기 때문에 주절이라고 한다.
- 주절의 문장은 3형식이다. 'want'의 목적어는 'what'이며 이 문장은 마치 'what do I want?' 의문문에서 조동사 'do'를 생략한 것과 같다. 이처럼 의문문 문장이 관계대명사의 의미로 사용되거나 다른 문장과 함께 복문장에서 의문문이 아닌 형태로 사용될 경우에는 평서문의 순서와 같이 나열하면 되고 '조동사'는 생략하거나 '주어'와 '조동사'의 위치를 바꾸지 않고 평서문처럼 한다.

2.2.1.3 Who 문장이 2형식에서 주어 자리에 온 경우

주어의 자리에 'who' 의문대명사로 시작하는 문장이 온 경우이다. 'who' 문장 전체가 2형식 중 주어의 자리에 위치한 것이다.
(code ; Fp21)

2형식 예문)

네가 어제 쇼핑몰에서 만났던 분이 우리 오빠야.
Who you met at shopping mall yesterday is my brother.

주어(주절)	동사 + 주어를 설명하는 말(보어)
Who you met at shopping mall yesterday	is my brother.
과거	현재

해설

- 주절의 문장은 3형식이며 과거의 시제이다. 이 문장에서 보면 알 수 있듯이 2개 이상의 문장에서 시제를 일치시켜야 한다는 말은 말이 안 된다. 사실적 내용에 달려있는 것이지 시제를 일치시켜야 할 아무런 의미가 없는 것이다. 보다 정확히 말하면 시제를 일치시키는 것이 아니라 두 문장의 시제를 시간의 흐름에 따라 정확히 기술하여야 하는 것이다.
- 전체 문장은 2형식이고 주어의 위치에 또 하나의 문장이 온 것이 확실하게 보일 것이다. 영어는 이처럼 macro한 시각을 먼저 가져야 전체적인 상황 파악을 하게 되는 것이다.

2.2.1.4 why 문장이 2형식 주어 자리에 온 경우

주어의 자리에 'why' 의문대명사로 시작하는 문장이 온 경우이다. 'why' 문장 전체가 2형식 중 주어의 자리에 위치한 것이다.
(code ; Fp21)

2형식 예문)

그가 그 섬에서 왜 살고 있는 지는 거기가 그의 가족들을 위해 살기가 좋기 때문이다.
Why he lives for in the island is good there to live for his family.

주어(주절)	동사 + 보어
Why he lives for in the island	is good there to live for his family.
현재	현재

해설

- 주절의 문장은 1형식이며 현재의 시제이다.
- 'live' 동사 '다음에 'for'가 있는 이유는 'why'가 있기 때문이다. 즉 'why'가 없다면 그 이유가 'for' 다음에 있었을 것이다.
- 그러니까 만일 이 문장을 의문문으로 한다면
  그 사람은 그 섬에 왜 살지?
  Why does he live for in the island?
  혹은 명확히 하기 위해
  Why does he live in the island for?
  라고 해도 된다.

2.2.1.5 where 문장이 2형식 주어 자리에 온 경우

주어의 자리에 'where' 의문대명사로 시작하는 문장이 온 경우이다. 'where' 문장 전체가 2형식 중 주어의 자리에 위치한 것이다.
(code ; Fp21)

2형식 예문)

잉글랜드에 있는 내 친구가 사는 곳은 매우 아름다워요.
Where my friend lives in England is very beautiful.

주어(주절)	동사 + 주어를 설명하는 말(보어)
Where my friend lives in England	is very beautiful.
현재	현재

해설

 - 주절의 문장은 1형식이며 현재의 시제이다.

2.2.1.6 when 문장이 2형식 주어 자리에 온 경우

주어의 자리에 'when' 의문대명사로 시작하는 문장이 온 경우이다. 'when' 문장 전체가 2형식 중 주어의 자리에 위치한 것이다.
(code ; Fp21)

2형식 예문)

네가 알고 있는 그 시간인 그 때가 너한텐 올바른 시간이야.
When you know the time is right for you.

주어(주절)	동사 + 주어를 설명하는 말(보어)
When you know the time	is right for you.
현재	현재

※ 팝송 'I have a dream' 가사 중에서

> **해설**
>
> - 주절의 문장은 3형식이며 현재의 시제이다.

2.2.1.7 whether 문장이 2형식 주어 자리에 온 경우

주어의 자리에 'whether' 의문대명사로 시작하는 문장이 온 경우이다. 'whether' 문장 전체가 2형식 중 주어의 자리에 위치한 것이다.
(code ; Fp21)

2형식 예문)

내일 비가 올지 안 올 지가 나에게 매우 중요해.
Whether it will rain tomorrow or not is very important for me.

주어(주절)	동사 + 주어를 설명하는 말(보어)
Whether it will rain tomorrow or not	is very important for me.
미래	현재

해설

- 주절의 문장은 1형식이며 미래의 시제이다.
- 'whether'로 되어있는 문장은 의문문으로 사용되지 않지만 다른 문장과 더불어 사용되는 경우가 많다. 이러한 문장이 의문문의 성격을 갖고 있으면 간접적인 의문을 나타낸다고 하여 '간접의문문'이라고 한다. 예를 들면

I want to know whether it will rain tomorrow or not.

의 문장에서 형식은 의문문이 아니지만 내용은 의문을 나타내고 있다.

2.2.1.8 how 문장이 2형식 주어 자리에 온 경우.

주어의 자리에 'how' 의문대명사로 시작하는 문장이 온 경우이다. 'how' 문장 전체가 2형식 중 주어의 자리에 위치한 것이다.
(code ; Fp21)

2형식 예문)

지금 그 음식이 전자레인지 안에서 어떻게 요리되고 있는지는 요리사에게는 상관이 없다.
How the food is cooking in the microwave now is not of concern to cook.

주어(주절)	동사 + 주어를 설명하는 말(보어)
How the food is cooking in the microwave now	is not of concern to cook.
현재진행	현재

해설

- 주절의 문장은 2형식이며 현재진행의 시제이다.
- 앞의 문장에서 2형식임에도 보어가 없는 이유는 'how'가 있기 때문이다. 여기서는 어떤 상태인지 그것에 대한 것이 의문문의 초점이기 때문에 'how'가 온 것이다.

2.2.2 2형식 보어 자리에 문장이 온 경우(보어절)

2.2.2.1 보통의 문장이 보어 자리에 온 경우

2형식에서 보어의 자리에 보통의 문장이 온 것이다.
(code ; Fp23)

2형식 예문)

어제 오후엔 해가 나온 것처럼 보였어요.
It looked like the sun came out in the afternoon yesterday.

주어 + 동사	보어(주어를 설명하는 말)
It looked	like the sun came out in the afternoon yesterday.
과거	과거

해설

- 보어절의 문장은 1형식이며 과거의 시제이다.
- 'like'는 '~과 같다'의 의미로 사용된 것으로 문장 전체에 의미를 부여한 것이다. 만일 문장이 아니고 단어의 예를 든다면

    It looks like rain.

    은 '비가 올 듯 해요'의 뜻이 된다. 그러므로 위의 문장은 'rain' 대신 문장이 온 것이다.

2형식 예문)

순이가 결혼을 한 하나의 이유가 임신 중이었다는 것 때문인지도 몰라.
One reason for the wedding may be that Soonie was expecting a baby.

주어 + 동사	보어(주어를 설명하는 말)
One reason for the wedding may be	that Soonie was expecting a baby.
현재	과거

해설

- 보어절의 문장은 3형식이며 과거진행의 시제이다. 'expect'는 원래 진행형으로 잘 사용되지 않는 동사이지만 위의 문장과 같이 강조하기 위해서 종종 사용된다.
- 'may'의 과거인 'might'를 사용하지 않은 이유는 짐작하고 있는 때는 지금이기 때문이다. 지금 예전의 상황을 추정하는 내용이다.

2.2.2.2 what 문장이 2형식 보어 자리에 온 경우

2형식에서 보어의 자리에 'what' 의문대명사로 시작하는 문장이 온 경우이다. 'what' 문장 전체가 2형식 중 보어의 자리에 위치한 것이다.
(code ; Fp23)

2형식 예문)

이것이 내가 원하는 것입니다.
This is what I want.

주어 + 동사	보어(주어를 설명하는 말)
This is	what I want.
현재	현재

해설

- 보어절의 문장은 3형식이며 현재의 시제이다.
- 뒤의 문장이 3형식임에도 목적어가 없는 이유는 'what'이 있기 때문이다. 목적어의 내용이 무엇인지 모르는 상태이며 그 것은 사실상 'this'를 의미한다.

2형식 예문)

이것이 너희 아빠께서 원하시는 거니?.
Is this what your father wants?

주어 + 동사	보어(주어를 설명하는 말)
Is this	what your father wants?
현재	현재

해설

- 전체적인 문장의 구조는 의문문이다. 그래서 주어와 동사의 위치가 바뀌어 있는 것이다.
- 하지만 보어절에 있는 문장은 내용상 의문문이지만 그 답은 바로 주어 'this'를 의미한다.
- 의문문이 다른 문장과 같이 합쳐져 복문장으로 사용될 때는 의문문임에도 조동사를 넣지 않고 평서문처럼 사용한다.
- 보어절의 문장은 3형식이며 현재의 시제이다.

2.2.2.3 who 문장이 2형식 보어 자리에 온 경우

2형식에서 보어의 자리에 'who' 의문대명사로 시작하는 문장이 온 경우이다. 'who' 문장 전체가 2형식 중 보어의 자리에 위치한 것이다.
(code ; Fp23)

2형식 예문)

이 분이 네가 지금까지 찾고 있었던 분이야.
This is who you have been looking for.

주어 + 동사	보어(주어를 설명하는 말)
This is	who you have been looking for.
현재	현재완료진행

해설

- 보어절의 문장은 3형식이며 현재완료진행형 시제이다.
  현재완료진행형이란 현재진행형에서 'be' 동사에 대하여 현재완료를 취한 형태이다. 즉 위의 문장을 현재완료를 취하기 전의 문장으로 만들어 보면

  You are looking for

  가 된다.

2.2.2.4 why 문장이 2형식 보어 자리에 온 경우

2형식에서 보어의 자리에 'why' 의문대명사로 시작하는 문장이 온 경우이다. 'why' 문장 전체가 2형식 중 보어의 자리에 위치한 것이다. (code ; Fp23)

2형식 예문)

이것이 내가 널 부러워하는 이유야.
This is why I envy you.

주어 + 동사	보어(주어를 설명하는 말)
This is	why I envy you.
현재	현재

> **해설**
>
> - 보어절의 문장은 3형식이며 현재 시제이다.

2.2.2.5 where 문장이 2형식 보어 자리에 온 경우

2형식에서 보어의 자리에 'where' 의문대명사로 시작하는 문장이 온 경우이다. 'where' 문장 전체가 2형식 중 보어의 자리에 위치한 것이다.
(code ; Fp23)

2형식 예문)

내가 머물러 있고 싶은 곳이 여기야.
Here is where I want to be.

주어 + 동사	보어(주어를 설명하는 말)
Here is	where I want to be.
현재	현재

해설

- 보어절의 문장은 3형식이며 현재 시제이다.
  'want'의 목적어가 'to be'이다.
- Be 동사는 존재를 의미하는 동사이다. 대개 어떻게 존재하느냐의 내용을 수반하기 때문에 목적어를 취하듯 한다. '주어 + be' 만으로도 '주어가 존재한다'의 의미로 사용될 수 있지만 대개 그 다음의 단어가 뒤따라 나온다. 그래서 자동사임에도 불구하고 목적어와 비슷한 단어를 요구하기 때문에 '불완전 자동사'라고 하는 것이다.

2.2.2.6 when 문장이 2형식 보어 자리에 온 경우

2형식에서 보어의 자리에 'when' 의문대명사로 시작하는 문장이 온 경우이다. 'when' 문장 전체가 2형식 중 보어의 자리에 위치한 것이다.
(code ; Fp23)

2형식 예문)

내가 그 말을 하고 싶은 때가 지금이야.
Now is when I want to say that.

주어 + 동사	보어(주어를 설명하는 말)
Now is	when I want to say that.
현재	현재

해설

- 보어절의 문장은 **3형식**이며 현재 시제이다.
- 위의 예제에서 볼 수 있듯이 '부사'도 주어가 될 수 있다.

2.2.2.7 how 문장이 2형식 보어 자리에 온 경우

2형식에서 보어의 자리에 'how' 의문대명사로 시작하는 문장이 온 경우이다. 'how' 문장 전체가 2형식 중 보어의 자리에 위치한 것이다.
(code ; Fp23)

2형식 예문)

그렇게 해서 우리 아버지가 일생 동안 얼마나 많은 책을 써오고 있는 것이야.
That is how many books my father has written for his life.

주어 + 동사	보어(주어를 설명하는 말)
That is	how many books my father has written for his life.
현재	현재완료

해설

- 보어절의 문장은 3형식이며 현재완료 시제이다.
- 위의 예제에서 볼 수 있듯이 '부사'도 주어가 될 수 있다.

2.2.3 2형식에서 주어, 보어 자리에 모두 문장이 온 경우

2형식에서 주어와 보어의 자리에 모두 문장이 온 경우이다.
(code ; Fp213 - 첫 번째와 세 번째 자리 모두에 문장이 와서 '13'으로 표기함)

2형식 예문)

네가 원해왔던 것이 내가 원해 왔던 것이야.
What you have wanted is what I have wanted.

주어(주절)	동사	보어(주어를 설명하는 말)
What you have wanted	is	what I have wanted.
현재완료		현재완료

해설

- 주절, 보어절 문장 모두가 3형식이며 현재완료시제이다.

2형식 예문)

그 여자는 자기가 전문적인 예리한 총잡이와 대항하여 꼭 싸우게 될 거라는 것을 알지 못했다.
What she didn't know was that she'd be competing against a professional sharp shooter.
(사실상 이 문장은 3개의 문장으로 구성되어 있다. 주절, 보어절 그리고 전체 문장 이렇게 3개이다. 원래 3개 이상의 문장은 마지막 장에서 다루고 있지만 성격상 여기에 미리 소개한다.)

주어(주절)	동사	보어(주어를 설명하는 말)
What she didn't know	was	that she'd be competing against a professional sharp shooter.
과거		가정법 과거진행
전체 문장 시제	과거	

해설

- 보어절 'she would be competing…'은 'she will be competing…'의 미래 문장에서 'will'을 과거로 바꾼 것이다. 그러므로 이미 지난 일에 대한 것을 말하는 것이므로 가정법에 해당하는 것이다. 원래는 미래진행이지만 'would'가 과거이고 가정해서 말하는 것이므로 가정법과거진행이라 한 것이다. 그녀가 알지 못했던 시점이 과거이므로 과거형 시제를 택한 것이며 그 당시에서 볼 때는 앞으로 벌어지게 될 미래이므로 미래형 'will'의 과거를 사용한 것이다.

2.3 3형식에서 단어 대신 사용되는 문장

3형식은 '주어 + 동사 + 목적어'의 순으로 이루어진 문장이다. 여기서 '주어'와 '목적어' 자리에 단어 대신 문장이 온 경우이다. 이러한 경우를 문법에서는 '주절' 그리고 '목적절'이라고 한다. 기호로는 'Fp31'이라고 하면 3형식에서 주어의 자리에 문장이 왔다는 표시이고 'Fp33'이라고 하면 목적어의 자리에 문장이 왔다는 표시이다. '주어'와 '목적어' 자리에 모두 문장이 오면 'Fp313'이라고 표기하기로 한다.

3형식 안에서 사용되는 복문장은 복문장 중에서 가장 많이 사용되는 경우이다. 이 문장의 구조만 잘 파악하고 있어도 번역과 영작에서 매우 유용할 것이다. 특히 목적어의 자리에 문장이 오는 'Fp33' 형태는 그 중에서도 더욱 많이 볼 수 있는데 조금 익숙해지면 쉽고 이해하기도 편해서 영작을 할 때도 쉽게 응용이 가능할 것이다. 글을 읽을 때도 이러한 구조는 눈에 쉽게 띄기 때문에 이해하기도 편하다. 번역이 쉽다는 말은 영어회화에서 듣기도 쉽다는 뜻이 된다.

2.3.1 3형식 주어 자리에 문장이 온 경우

2.3.1.1 3형식 주어 자리에 보통 문장이 온 경우

3형식에서 주어의 자리에 문장이 온 경우이다. 보통 문법에서는 '주절'이라고 하는데 여기서는 3형식에서 사용되었기 때문에 'Fp31'이라고 표기한다.
(code ; Fp31)

3형식 예문)

지난 밤 꿈 속에서 본 것이 지금 나를 피곤하게 하고 있어.
I saw the thing in dream last night is tiring me.

주어	동사 + 목적어	
I saw the thing in dream last night	is tiring me.	
과거	전체 시제	현재진행

해설

- 본 문장은 크게 보면 현재진행형의 문장으로 직역을 하면

'~'가 나를 피곤하게 하는 중이다'가 된다.

이렇게 영어에서는 전체적인 문장의 구조를 파악하는 것이 우선이다.

3형식 예문)

통장 위에 쓰여져 있는 각각의 이름은 이것을 위한 사인이 있어야만 했을 거에요.
The individual whose name is on the account would have to sign for it.

주어	동사 + 목적어
The individual whose name is on the account	would have to sign for it.
현재	전체 시제　　과거

> **해설**
>
> - 본 문장 전체는 과거인데 정확히 말하면 가정법 과거가 된다. 'will'의 과거인 'would'가 사용되었기 때문이다. 정확히 해석을 하면 '~가 되었을 거에요'가 된다. 과거에서 미래를 표현하는 것이다.
> - 위 문장에서 사실 주어는 정확하게 말하면 'the individual'이라고 볼 수 있고 그 뒤의 문장은 'Attach형'으로 이를 설명하기 위한 것이다. 그 뒤 문장의 주어는 'whose name'이다. 즉 관계대명사 'whose'가 사용된 것이고 'who'의 소유격이다. The individual's에 해당한다고 볼 수 있다. 그러나 전체가 주어를 의미하므로 주어의 자리에 문장이 있다고 의미를 확대한 것이다.
> - 주절의 문장은 1형식이고 현재의 시제이다. 일반적인 사실을 나타낼 때는 현재형을 사용한다.

3형식 예문)

세익스피어가 쓴 모든 것들은 스페인어에서 일본어 스와일언어에 이르기까지 12개의 언어로 번역되었다.
Everything Shakespeare wrote has been translated into dozens of languages, from Spanish to Japanese to Swahili.

주어	동사 + 목적어
Everything Shakespeare wrote	has been translated into dozens of languages, from Spanish to Japanese to Swahili.
과거	전체 시제 　　　　　현재완료

해설

- 본 문장 전체는 현재완료로 '주절 + is translated'의 문장에서 'is'를 현재완료로 바꾸었다고 보면 이해가 쉽다.
- 'Swahili'는 아프리카 부족의 이름.
- 'has been translated into'를 넓은 의미의 동사로 간주하였다. 이렇게 'be + 과거분사(혹은 현재분사) + 전치사'까지를 하나의 동사의 개념으로 보는 것이 우리말에 가깝고 이해하기에도 좋을 뿐만 아니라 나중에 활용하는 측면에서도 아주 편리하다.
- 'everything'이 주어이고 그 뒤의 'Shakespeare wrote' 문장을 'everything'을 설명한 Attach형으로 볼 수도 있다. 그러나 'everything'만을 주어로 보기에는 전체적 문장의 문맥과 내용이 적당치 않아 그 뒤의 모든 문장까지 주어로 간주하였다.

2.3.1.2 what 문장이 3형식 주어 자리에 온 경우

3형식에서 주어의 자리에 'what' 의문대명사로 시작하는 문장이 온 경우이다. 'what' 문장 전체가 3형식 중 주어의 자리에 위치한 것이다.
(code ; Fp31)

3형식 예문)

지난 밤 꿈 속에서 본 뭔가가 나를 피곤하게 했어.
What I saw in dream last night tired me.

주어	동사 + 목적어	
What I saw in dream last night	tired me	
과거	전체 시제	과거

해설

- 본 문장은 크게 보면 현재진행형의 문장으로 직역을 하면 '무엇이' 나를 피곤하게 하였다.
가 된다.
- tire는 타동사로 '무언가를 괴롭히다, 피곤하게 하다'의 뜻이다. 그러므로 'I am tired'는 무엇인지는 모르지만 '내가 피곤한 상태'가 된 것이다' 이 문장의 현재진행의 형태는 "I am being tired'이다. 만일 'I am tiring'이라고 하면 'I tire ~'의 현재진행형이 되므로 '내가 무엇인가(혹은 누군가를) 괴롭히고 있다'는 전혀 반대의 의미가 되므로 주의하여야 한다.

2.3.1.3 who 문장이 3형식 주어 자리에 온 경우

3형식에서 주어의 자리에 'who' 의문대명사로 시작하는 문장이 온 경우이다. 'who' 문장 전체가 3형식 중 주어의 자리에 위치한 것이다.
(code ; Fp31)

3형식 예문)

어제 쇼핑몰에서 만난 사람이 나를 매우 좋아하고 있어.
(직역 - 어제 쇼핑몰에서 만난 누군가가 나를 매우 좋아하고 있어)
Who I met at shopping mall yesterday likes me very much.

주어	동사 + 목적어	
Who I met at shopping mall yesterday	likes me.	
과거	전체 시제	현재

해설

- 본 문장은 크게 보면 현재형의 문장으로 직역을 하면
  '누가' 나를 좋아한다'
  가 된다.

- 앞의 문장은 3형식 과거의 시제이다.

2.3.1.4 where 문장이 3형식 주어 자리에 온 경우

3형식에서 주어의 자리에 'where' 의문대명사로 시작하는 문장이 온 경우이다. 'where' 문장 전체가 3형식 중 주어의 자리에 위치한 것이다.
(code ; Fp31)

3형식 예문)

위대한 작가 박경리 소설가가 한 때 살고 있던 곳이 많은 그녀의 팬들과 독자들로 사랑을 받고 있습니다.
Where a great writer 'Park Kyoung Lee' had lived in is loved by her many fans and readers.

주어	동사 + 목적어	
Where a great writer 'Park Kyoung Lee' had lived in	is loved by her many fans and readers.	
과거완료	전체 시제	현재

해설

- 본 문장은 현재 시재로 수동태 형태이다. 이 경우 'is loved by'까지 전치사를 포함하여 동사로 보는 것이 타당하다. 앞에서 'be + 과거분사'를 수동태라고 지칭하지 않았지만 이 경우 전치사 'by' 때문에 뒤에 목적어가 오지 않을 수 없다. 그래서 이 경우는 명백한 수동태라고 볼 수 있다.
- 앞의 문장은 3형식 과거완료의 시제이다.

2.3.1.5 when 문장이 3형식 주어 자리에 온 경우

3형식에서 주어의 자리에 'when' 의문대명사로 시작하는 문장이 온 경우이다. 'when' 문장 전체가 3형식 중 주어의 자리에 위치한 것이다. (code ; Fp31)

3형식 예문)

살인자가 친구와 그 곳을 언제 방문했는지 한 유능한 형사에 의해서 밝혀졌다.
When a murder had visited there with his friend has been found by an able detective.

주어	동사 + 목적어	
When a murder had visited there with his friend	has been found by an able detective.	
과거완료	전체 시제	현재완료

해설

- 본 문장은 밝혀진 상태를 의미하므로 현재완료의 시제로 사용되었다.
- 앞의 문장은 3형식 과거완료의 시제이다.
- '유능한'을 의미하는 'able'의 첫 음이 모음이기 때문에 부정관사 'an'이 사용되었다.

2.3.2 3형식 목적어 자리에 문장이 온 경우

2.3.2.1 보통의 문장이 3형식 목적어 자리에 온 경우

3형식에서 목적어의 자리에 평서문이 온 경우이다. 이러한 경우 목적어 자리에 관계대명사 'that'을 일단 채우고 'that'의 보어처럼 뒤의 문장이 온 것이다.
3형식에서 3번째 자리에 문장이 왔으므로 'Fp33'이라고 코드를 부여한 것이다.
(code ; Fp33)

3형식 예문)
난 사람들이 담배를 끊어야만 한다는데 동의해요
I agree that people should stop smoking.

주어 + 동사		목적어(목적절)
I agree		that people should stop smoking
전체 시제	현재	과거

해설

- 'People should stop smoking'의 직역은 '사람들은 담배 피는 것을 중지했어야만 합니다.'로 이미 담배를 끊은 상태로 있어야 한다'는 의미이며 과거의 시제로 말하지만 우리말에서는 이러한 형태의 문장을 '앞으로 '끊어야만 한다'는 현재형의 의미로 사용한다. 이것은 영어와 우리말의 시제를 표현하는 차이로 굳이 설명을 하자면 영어에서는 '이미 끊었어야 하는 상태' 즉 과거의 의미가 더 확실하다고 생각하는 것 같다. 거꾸로 말하면 우리말에서는 과거의 바람과 현재의 바람을 별로 구분하여 상세히 말하지 않는 것 같다.
- 뒤의 문장은 **3형식 과거**의 시제이다.

3형식 예문)
컴퓨터 프로그램은 예상치 않은 상황을 어떻게 다루어야 하는지 스스로 가르칠 수 있도록 지금 설계되고 있습니다.
Computer programs are now being designed that can teach themselves how to deal with unexpected events.

주어	동사	목적어(목적절)
Computer programs	are now being designed	that can teach themselves how to deal with unexpected events.
전체 시제	현재진행	현재

해설
- 'are now being designed' 전체를 하나의 동사로 간주하였다. 이것은 'are designed'의 현재형을 현재진행으로 만든 것이다.
- 뒤의 문장은 4형식 현재의 시제이다.

3형식 예문)
어제 요가를 하지 말았어야 했어.
I don't think that I should have tried yoga yesterday.

주어	동사	목적어	
I	don't think	that I should have tried yoga yesterday.	
전체시제	현재	목적절 시제	가정법과거완료

해설
- 'I should have tried yoga yesterday.'의 문장은 과거 시제이다. 정확하게는 '가정법 과거완료' 형태이다. 여기서는 '요가를 해 왔어야만 했어'라는 아쉬워 하는 마음을 표현한 것이다. 완료형은 우리말에 없으므로 영어에서 어떤 상황에서 완료형을 사용하는지 잘 보아야 한다.
- 뒤의 문장은 3형식 가정법과거완료의 시제이다.

3형식 예문)

난 이 감기가 없어졌으면 좋겠어.
I wish I could get rid of this cold.

주어	동사	목적어(목적절)	
I	wish	I could get rid of this cold	
전체시제	현재	목적절 시제	과거

> **해설**
>
> - 바로 전의 예제와 마찬가지로 'I could get rid of this cold' 는 과거의 문장이다. 'wish' 다음에 오는 문장은 반드시 과거형으로 사용한다. 가정법 과거와 마찬가지로 이미 이러한 상황이 되었으면 하는 바램으로 과거형 시제를 사용하는 것 같다. 'wish' 다음에 오는 문장은 반드시 과거형으로 사용한다는 것은 외워두는 것이 좋다. '앞으로 발생하는 것'보다 '이미 발생한 상황'이기를 바라는 마음일 것이다. 역시 우리말은 가정해서 말할 때 앞으로 발생하기를 바라는 마음과 이미 발생하였기를 바라는 마음을 구분해서 사용하지 않기 때문에 생기는 문제이다. 그래서 흔히 영어 문법에서 '가정법 과거'는 우리말로 '현재 사실의 반대이다'라고 하는 것이다. 무조건 외우는 것보다 왜 그런 시제의 차이가 생기는 지 이해할 필요가 있다.
> - 뒤의 문장은 **3형식** 가정법과거의 시제이다.

3형식 예문)

내가 똑똑했으면 좋겠어요.
I wish I were smarter.

주어	동사	목적어(목적절)	
I	wish	I were smarter	
전체시제	현재	목적절 시제	과거

해설

- 이 전의 예제와 마찬가지로 '이미 내가 똑똑한 상태이기를 바라는 마음'으로 과거를 사용한 것이고 역시 'wish' 동사 다음에 온 문장이므로 과거형 시제를 사용해야 한다. 이것도 일종의 가정법 과거이므로 원칙적으로 'be'동사의 과거형 시제는 가정법에서 인칭에 상관없이 반드시 'were'를 사용하여야 한다. 특히 불가능에 가까운 바람일 경우 반드시 'be'동사는 'were'를 사용하여야 한다. 'if' 문장에서 요즘 이 원칙이 항상 지켜지지 않는 것이 현대 영어의 변화라고 할 수 있다.
- 뒤의 문장은 2형식 과거 시제이다.

3형식 예문)

당신은 내가 꿈을 꾸는 사람이라고 말할지도 모릅니다.
You may say I am a dreamer

주어	동사	목적어(목적절)
You	may say	I am a dreamer
전체시제	현재	목적절 시제 · 현재

3형식 예문)

당신을 결코 찾지 못할 것이라고 생각했어요.
I thought I'd never find you.

주어	동사	목적어(목적절)
I	thought	I'd never find you.
전체시제	과거	목적절 시제 · 가정법과거

※ 팝송 'Lady' 가사 중에서

해설

- 'I'd never find you'는 'I would'의 줄임이다. 그러므로 '당신을 절대 찾지 못하게 되었을 것입니다.'라는 의미이다.
- 뒤의 문장은 3형식 가정법과거 시제이다.
- 'I'd'는 'I would'의 약어로 사용한 것이다. 'I had'라고 보지 않는 이유는 뒤에 나오는 동사 'find'가 원형이기 때문이다. '동사'는 절대 한 문장 안에서 두 번 나올 수 없다. 그러므로 'had'가 되려면 'find'가 과거분사 'found'가 되어야 과거완료시제라고 할 수 있다.

3형식 예문)

난 그것들이 다 팔렸다고 들었어요.
I heard now they are all sold out.

주어	동사	목적어(목적절)	
I	heard	they are all sold out	
전체시제	과거	목적절 시제	현재

> 해설
>
> - 뒤의 문장은 1형식이다. 위에서 이미 언급한 바와 같이
>   'be + 과거분사 + 전치사'는
>   이 책에서 하나의 동사로 간주한다.
>   이렇게 동사의 범위를 확대한다면 5형식의 문장 구조가 일관성을 유지할 수 있기 때문이며 따라서 문장의 구조를 이해하는데 매우 편리하다.

2.3.2.2 what 문장이 3형식 목적어 자리에 온 경우

3형식에서 목적어의 자리에 'what' 문장이 온 경우이다. 이러한 경우 'what' 의문대명사로 시작하는 의문문을 붙여 놓은 형태와 같다.
3형식에서 3 번째 자리에 문장이 왔으므로 'Fp33'이라고 코드를 부여한 것이다.
(code ; Fp33)

3형식 예문)
네가 뭐라고 하는 지 모르겠어
I don' know what you are saying.

주어	동사	목적어(목적절)	
I	don' know	what you are saying.	
전체시제	현재	목적절 시제	현재진행

3형식 예문)
내가 말한 거 잊지마!
Don't forget what I said.

주어	동사	목적어(목적절)	
(You)	don' forget	what I said.	
전체시제	현재	목적절 시제	과거

해설

- 명령어이므로 주어 'you'를 생략하였다. 명령어는 당연히 항상 현재형일 수 밖에 없다.
- 뒤의 문장은 3형식 시제이다. 목적어는 'what'이다.

3형식 예문)

난 네가 뭐라고 썼는지 이해할 수가 없어.
I can't make out what you have written.

주어	동사	목적어(목적절)	
I	can't make out	what you have written.	
전체시제	현재	목적절 시제	현재완료

해설

- 무엇인가가 쓰여져 있는 상태에 대하여 설명하기 위해 현재완료의 시제를 사용하였다. 쓴 것은 과거이고 현재까지 그 상태가 유지되고 있다는 의미이며 이렇게 과거도 되고 현재도 되는 시제의 경우 영어에서는 현재완료를 사용한다. 우리말에서는 현재완료가 없기 때문에 '쭉~' 이러한 비슷한 단어를 포함하여 의미를 표현한다.
- 뒤의 문장은 3형식 시제이다. 목적어는 'what'이다.

3형식 예문)

난 그가 뭘 찾고 있는 것에 관해서는 모르겠습니다.
I don't know as to what he is looking for.

주어	동사	목적어(목적절)	
I	don't know as to	what he is looking for.	
전체시제	현재	목적절 시제	현재진행

해설

- know as to ~에 관해서 안다'의 뜻이다. 'as to'가 '~에 관해서'라는 뜻으로 사용되지만 가능하면 동사와 연결해서 하나의 동사인 것처럼 사용하고 기억하는 것이 활용성도 높고 기억에도 좋다. 물론 문장을 기억하면 더욱 좋다. 우리가 필요한 것은 단어나 숙어 등의 단편적인 지식이 아니라 문장에서 어떻게 활용되는 것을 아는 것이 더욱 중요하기 때문이다.
- 뒤의 문장은 3형식 시제이다. 목적어는 'what'이다.

3형식 예문)

넌 그 여자가 무얼 좋아하는지 알아야 해.
You should know what she likes.

주어	동사	목적어(목적절)	
You	should know	what she likes.	
전체시제	과거	목적절 시제	현재

해설

- 'should'는 'shall'의 과거이다. 직역하면 '알았어야만 했어'의 뜻이 된다. 직역의 의미로 보면 과거에는 '몰랐다'는 말이 된다. 이렇게 가정해서 말할 때 영어는 우리와 다른 시제를 사용한다. 어떻게 보면 더욱 세밀하고 확실하게 시제를 사용한다고 볼 수 있다. 우리의 관점에서 보면 이렇게 'should'는 현재의 가벼운 명령어 혹은 강력한 제안으로 많이 사용된다. 그러므로 명령어 문장 에서 'must'나 'have to 동사' 형태는 너무 강력한 표현이므로 친구 사이나 보통 대화에서는 'should'를 사용하는 편이 예의적인 표현이다.
- 'should'의 표현은 하나의 제안이나 권유에 가깝다.
- 뒤의 문장은 3형식 현재 시제이다. 목적어는 'what'이다.

2.3.2.3 who 문장이 3형식 목적어 자리에 온 경우

3형식에서 목적어의 자리에 'who' 문장이 온 경우이다. 이러한 경우 'who' 의문대명사로 시작하는 의문문을 붙여 놓은 형태와 같다.
3형식에서 3번째 자리에 문장이 왔으므로 'Fp33'이라고 코드를 부여한 것이다.
(code ; Fp33)

3형식 예문)

난 어제 파티에 있던 그 남자가 누군지 모르겠어.
I don't know who a man was at the party yesterday.

주어	동사	목적어(목적절)	
I	don't know	who a man was at the party yesterday.	
전체시제	현재	목적절 시제	과거

> 해설
> - 뒤의 문장은 2형식이고 과거 시제이다. 보어는 'who'이다.

3형식 예문)

난 누가 너를 그렇게 행복하게 했는지 모르겠어.
I don't know who has made you so happy..

주어	동사	목적어(목적절)	
I	don't know	who has made you so happy.	
전체시제	현재	목적절 시제	현재완료

> **해설**
>
> - 'who has made you so happy'의 문장에서 주어는 'who' 자체이다. 관계대명사 기존의 문법에서는 'who'가 사용되었다고 하지만 의문문이 목적절로 사용된 것과 같다. 주어가 'who' 자체일 때는 3인칭 단수로 취급한다. 물론 그 앞에 어떤 단어를 설명하기 위해 (attach형 복문장으로 뒷부분에서 설명될 예정) 'who'가 사용되었는데 그 앞 단어가 복수면 당연히 복수로 간주한다.
> - 뒤의 문장은 5형식 현재완료 시제이다.
> - 이 문장의 주어는 'who' 자체이다. 이런 경우 주어는 3인칭 단수 취급을 한다. 그래서 'has'가 온 것이다.

2.3.2.4 where 문장이 3형식 목적어 자리에 온 경우

3형식에서 목적어의 자리에 'where' 문장이 온 경우이다. 이러한 경우 'where' 의문대명사로 시작하는 의문문을 붙여 놓은 형태와 같다. 3형식에서 3번째 자리에 문장이 왔으므로 'Fp33'이라고 코드를 부여한 것이다.
(code ; Fp33)

3형식 예문)

난 네가 한 때 어디서 영어공부를 했었는지 모르겠어.
I don't know where you had studied English.

주어	동사	목적어(목적절)	
I	don't know	where you had studied English.	
전체시제	현재	목적절 시제	과거완료

해설

- 뒤의 문장은 3형식이고 과거완료 시제이다. 한 때 영어 공부를 지속하였기 때문에 과거완료의 시제를 사용한 것이다.

2.3.2.5 whether 문장이 3형식 목적어 자리에 온 경우

3형식에서 목적어의 자리에 'whether' 문장이 온 경우이다. 이러한 경우 'whether' 의문대명사로 시작하는 의문문을 붙여 놓은 형태와 같다.
3형식에서 3번째 자리에 문장이 왔으므로 'Fp33'이라고 코드를 부여한 것이다.
(code ; Fp33)

3형식 예문)

여러분들이 회장에게 동의를 해 줄 것인지 아닌지에 달려 있습니다.
It depends on whether you agree with the president or not.

주어	동사	목적어(목적절)	
It	depends on	whether you agree with the president or not.	
전체시제	현재	목적절 시제	현재

해설

- 'whether' 문장은 단독으로 의문문으로 사용되지 않고 다른 문장과 합쳐져서 사용한다. 즉 직접적 의문문이 아니기 때문에 간접의문문이라고 한다.
- 뒤의 문장은 3형식이고 현재 시제이다.

2.3.2.6 how 문장이 3형식 목적어 자리에 온 경우

3형식에서 목적어의 자리에 'how' 문장이 온 경우이다. 이러한 경우 'how' 의문대명사로 시작하는 의문문을 붙여 놓은 형태와 같다.
3형식에서 3번째 자리에 문장이 왔으므로 'Fp33'이라고 코드를 부여한 것이다.
(code ; Fp33)

3형식 예문)

네가 어떤 기분인지 알겠어.
I know how you feel.

주어	동사	목적어(목적절)	
I	know	how you feel.	
전체시제	현재	목적절 시제	현재

3형식 예문)

정말 맛있지 않아요?
(직역 -> 얼마나 좋은지 믿을 수 있겠니?)
Can you believe how good it is?

주어 + 동사		목적어 (목적절)	
Can you believe		how good it is?	
전체시제	현재	목적절 시제	현재

해설

- 평서문을 의문문으로 바꿀 때는 조동사와 주어의 위치를 바꾼다. 조동사가 사용되지 않은 문장에서 be 동사가 사용되었다면 마찬가지로 'be'동사와 주어의 위치를 바꾼다. 그 밖의 일반 동사의 경우는 동사 앞에 'do 혹은 does(과거일 때는 did)'를 붙여서 사용한다. 'yes/no'의 대답을 원하는 단순의문문일 경우가 그렇고 내용이나 정도를 묻는 의문문의 경우는 단순 의문문 앞에 의문대명사를 추가로 붙이면 된다. 즉 문장에서 가장 중요한 부분을 문장의 맨 앞에 위치함으로써 의미를 확실하게 파악하게 하고 전달하고자 하는 것이다.
- 뒤의 문장은 2형식이고 현재 시제이다.

3형식 예문)

인생이 얼마나 외로울 수 있는지 난 알아요.
I know how lonely life can be.

주어	동사	목적어(목적절)	
I	know	how lonely life can be.	
전체시제	현재	목적절 시제	현재

※ 팝송 'And I love you so' 가사 중에서

3형식 예문)

양 볼의 피부가 얼마나 탱탱한지 보세요.
Just look at how tight the skin is over her cheeks.

주어	동사	목적어(목적절)	
(You)	Look at	how tight the skin is over her cheeks.	
전체시제	현재	목적절 시제	현재

2.3.3 3형식 주어, 목적어 자리에 모두 문장이 온 경우

3형식에서 주어의 자리와 목적어의 자리에 동시에 문장이 온 경우이다. 즉 주절과 목적절이 모두 있는 경우이다.
그래서 코드로 표시할 때에는 첫 번째 자리와 두 번째 자리 모두 존재하므로 'Fp313'이라고 표시한다.
(code ; Fp313)

3형식 예문)

어제 밤 파티에서 내 옆에 서있던 사람이 그때 거기서 네가 만났던 사람을 좋아해.
Who stood by me at the party last night likes who you met there then last week.

주어(주절)	동사	목적어(목적절)	
Who stood by me at the party last night	likes	who you met there then.	
주절 시제	과거	현재	목적절 시제	과거

2.4   4형식에서 단어 대신 사용되는 문장

4형식은 '주어 + 동사 + 목적어1 + 목적어2'의 순서를 갖는 Pattern이다. 목적어가 2개 존재하는데 목적어1은 '~에게'에 해당하여 주로 사람이 오는 경우가 많다. 목적어2는 타동사가 갖는 진정한 의미의 목적어로 사물이나 무형의 형태를 갖는다. 사람이 오는 경우가 많은 목적어1은 간접목적어라고 하고 목적어2는 직접목적어라고 하는 이유는 목적어1은 생략해도 말이 되지만 목적어2는 생략하면 문장이 성립되지 않는다.

4형식에서 목적어1과 목적어2의 순서를 바꾸게 되면 뒤로 가는 목적어1에는 반드시 전치사 'to, for' 등과 같은 것을 붙여야 한다. 규칙과 형식을 중요시하는 영어의 속성으로 이렇게 함으로써 3형식이 되고 전치사가 앞에 있는 뒤로 간 '목적어1'은 전치사 때문에 방향성을 갖게 되고 목적어로 취급하지 않는다.

즉 영어는 청자(듣는 이) 중심으로 볼 때 중요한 단어를 순서대로 나열하는 것이 기본적인 concept이므로 방향성을 갖은 목적어1은 생략해도 일단 문장이 성립된다는 것이다.

이렇게 4형식에서 동사를 제외한 주어, 목적어1, 목적어2에 단어 대신 문장이 오는 경우의 복문장을 소개하려고 한다. 주어 자리에 문장이 오면 '주절'이라고 하고 목적어 자리에 오면 '목적절'이라고 하는데 구태여 구분을 하자면 '목적어1절' 혹은 '제1 목적어절', '간접목적어절'이라고 할 수 있고 '목적어2절' 혹은 '제2 목적어절', '직접목적어절'이라고 할 수 있겠지만 문법에서 이렇게 구체적인 용어는 사용하지 않는다.

여기서는 이러한 세부적인 것을 구분하기 위해 주절에 문장이 왔으면 코드로 'Fp41'이라고 표기한다. 숫자 '4'는 4형식을 의미하고 '1'은 주어의 자리인 첫 번째 자리를 의미한다. 같은 방법으로 'Fp43'은 '목적어1' 자리에 문장이 왔음을 의미하며 'Fp44'는 '목적어2' 자리에 문장이 왔음을 의미한다. 주어와 목적어1 자리 동시에 문장이 왔으면 'Fp413'이라고 하고 주어와 목적어2 자리 동시에 문장이 오면 'Fp414'라고 한다. 만일 주어, 목적어1, 목적어2 자리 모두 문장이 왔다면 'Fp4134'라고 표기한다.

2.4.1 4형식 주어의 자리에 문장이 온 경우

4형식에서 주어의 자리에 문장이 온 경우이다.
코드는 5형식 중 4형식의 첫 번째 자리인 주어 자리에 왔으므로 'Fp41'이라고 한다.
(code ; Fp41)

4형식 예문)

어제 밤 파티에서 내 옆에 서있던 사람이 오늘 아침 나에게 메일을 보냈어.
Who stood by me at the party last night sent me a mail this morning.

주어(주절)	동사	목적어1 + 목적어2
Who stood by me at the party last night	sent	me a mail this morning.
주절 시제 과거	전체 시제 - 과거	

> **해설**
>
> - 주절에 있는 문장의 주어는 'who' 자체이다.
> - 위의 문장은
>
> 'A man who stood by me at the party last night sent me a mail this morning.'
> 라고 할 수도 있다. 이 경우는 해석이 약간 달라져
> '어제 파티에서 내 옆에 있던 한 남자가 오늘 아침 나에게 메일을 보냈어'
>
> 가 된다.

2.4.2 4형식 목적어1 자리에 문장이 온 경우

4형식에서 목적어1 자리에 문장이 온 경우이다.
코드는 5형식 중 4형식의 세 번째 자리인 주어 자리에 왔으므로 'Fp43'이라고 한다.
(code ; Fp43)

4형식 예문)
어제 밤 파티에서 내 옆에 서있던 사람에게 내가 오늘 아침 메일을 보냈어.
I sent a man who stood by me at the party last night a mail this morning.

주어 + 동사	목적어1	목적어2
I sent	a man who stood by me at the party last night	a mail this morning.
전체 시제 과거	목적어1 문장의 시제 과거	

> **해설**
> - 목적어1 문장에 있는 주어는 'who' 자체이다.
> - 위의 문장에서는
>   'who' 앞에 'a man'을 넣는 것이 자연스럽다.
>   목적어1이 'a man'이 되는 것이고 이 단어를 설명하기 위해 'who'를 매개로 하여 문장이 온 것이다. 이러한 경우 관계대명사라고 한다. 관계를 형성하며 사용하는 '대명사'라는 것이다.
>   위에서 설명한 바와 같이 이 경우에도 구태여 'a man'을 설명하기 위한 'attach형'이라고 하지 않는다. 전체적인 문장의 구조로 볼 때 목적어1 자리에 문장 전체가 왔다고 보는 것이 보다 합리적이기 때문이며 'attach형'이라고 해도 틀린 구분은 아니다.
>   이러한 구분은 복문장의 pattern을 살피기 위한 것이므로 아주 엄격한 구분을 요구하는 것은 아니다.

2.4.3 4형식 목적어2 자리에 문장이 온 경우

2.4.3.1 보통의 문장이 4형식 목적어2 자리에 온 경우

4형식에서 2 번째 목적어 자리에 일반 문장이 온 경우이다. 이러한 경우 보통 관계대명사 'that'을 사용해서 목적어 2 자리에 채운 다음 이 이를 설명하는 문장이 뒤에 오지만 'that'을 생략하기도 한다. 4형식에 4 번째 자리에 문장이 왔으므로 'Fp44'라고 표기한다.
(code ; Fp44)

4형식 예문)

나는 그 사람들에게 내 동생은 그것을 모른다고 말했습니다.
I told them my brother didn't know that.

주어	동사	목적어1	목적어2	
I	told	them	my brother didn't know that.	
전체 시제	과거		목적어2 절 시제	과거

> **해설**
>
> - 'tell' 동사는 보통 '~에게 ~을 말하다'의 용으로 많이 사용되기 때문에 주로 4형식에 많이 등장하고 첫 번째 자리에는 '~에게'가 두 번째 목적어 자리에 문장이 올 경우가 상당히 많다.
> - 뒤의 문장은 3형식이고 과거 시제이다.

4형식 예문)

그 사람들한테 지연이가 전화 거는 거라고 전해 주세요.
Tell them it's Jane calling.

주어	동사	목적어1	목적어2
(You)	Tell	them	it's Jane calling.
전체 시제	현재		목적어2 절 시제 현재

해설

- 일종의 명령문이므로 주어 'you'가 생략된 것이다.
- 뒤의 문장은 2형식이고 현재시제이다. 현재분사 'calling'은 'Jane'을 설명하고 있다.
- 만일 'calling'이 동명사라면 명사처럼 취급해서 'Jane's calling'이라고 하는 것이 보다 정확하다. 여기서는 현재분사로 보는 것이 타당하고 직역을 하면 'Jane이 전화 중인 상태'를 그들에게 말해 달라는 것이 보다 정확한 해석이 된다.

4형식 예문)

길동이에게 지연이가 전화했다고 전해 주세요.
Tell Gildong that Jane called.

주어	동사	목적어1	목적어2	
(You)	Tell	Gildong	that Jane called	
전체 시제	현재		목적어2 절 시제	과거

해설

- 일종의 명령문이므로 주어 'you'가 생략된 것이다.
- 원래 단어 대신 문장이 오려면 위와 같이 목적어2 자리에 일단 that으로 채워서 형식의 순서를 채운 다음 문장이 오는 것이 원칙이다. 그렇지만 다른 예들처럼 'that'을 생략하는 경우가 많다.
- 위 문장에서는 'called'라는 과거형을 썼으므로 'Jane이 전화했다는 것'이라고 해석하는 것이 정확하다.

4형식 예문)

지연이에게 개 표는 내가 샀다고 말해줘.
Tell Jane I bought a ticket for her.

주어	동사	목적어1	목적어2	
(You)	Tell	Jane	I bought a ticket for her.	
전체 시제	현재		목적어2 절 시제	과거

해설

- 일종의 명령문이므로 주어 'you'가 생략된 것이다.
- 뒤의 문장은 3형식이고 과거 시제이다. 이 문장은 4형식으로 바꾸어

I bought her a ticket

라고 해도 된다. 이렇게 목적어1을 뒤로 보낼 때는 반드시 전치사를 넣어 방향성 있는 내용으로 바꾼다. 그렇게 되면 4형식에서 3형식으로 바뀐다. 그러니까 영어는 위치를 아무렇게나 바꾸면 안된다. 규칙과 위치를 중요시 여기는 언어이다.

4형식 예문)

누군가 나에게 오래 전에 말했어요. 폭풍우가 오기 전에는 조용하다고.
Someone told me long ago there is the calm before the storm.

주어	동사	목적어1	목적어2	
Someone	told	me long ago	there is the calm before the storm	
전체 시제	과거		목적어2 절 시제	현재

※ 팝송 'Have you ever seen the rain' 가사 중에서

> **해설**
> - 목적어2 자리에 온 문장은 현재이고 전체적인 문장은 과거인 경우 시제가 일치하지 않는다. 즉 말한 시점이 과거인데 그 사실이 현재일 수는 없다. 그러나 자연적인 현상, 진리, 속담 등과 같은 경우는 그냥 현재형의 시제를 사용한다.
> - 목적어1 다음에 위치한 'long ago'의 자리를 주목해야 한다. 이 부분을 문장의 끝으로 가져가면 '오래 전에 폭풍우가 오기 전에는'의 의미가 되고 더구나 여기서는 말이 되지 않는다. 이러한 장소나 시간의 표현은 해당하는 위치에 사용하여야 함을 꼭 주의 깊게 봐야 한다. 무조건 장소나 시간이 문장의 끝에 온다고 생각하면 틀린다.
> - 뒤의 문장은 2형식이고 현재시제이다.

2.4.3.2 what 문장이 4형식 목적어2 자리에 온 경우

'what'이 이끄는 문장이 목적어2의 자리에 왔다. 4형식이고 목적어 2(네 번째) 자리에 문장이 왔으므로 코드는 'Fp44'로 표기한다.
(code ; Fp44)

4형식 예문)

네가 어저께 쇼핑몰에서 뭘 샀는지 말해줘.
Tell me what you bought at shopping mall yesterday.

주어	동사	목적어1	목적어2
(You)	Tell	me	what you bought at shopping mall yesterday
전체 시제	현재		목적어2 절 시제 과거

2.4.3.3 who 문장이 4형식 목적어2 자리에 온 경우
     (code ; Fp44)

4형식 예문)

내가 어저께 누구랑 영화 보러 갔는지 말했잖아.
I told you who I went to see a movie yesterday with.

주어	동사	목적어1	목적어2	
I	told	you	who I went to see a movie yesterday with.	
전체 시제	과거		목적어2 절 시제	과거

해설

- '누구랑'의 의미를 강조하려면 끝에 있는 **with**를 **who** 앞으로 가져와서 '**with whom**' 이렇게 사용할 수 있다. 이 때는 '**who**' 대신 '**who**'의 목적격인 '**whom**'을 사용한다. 이러한 경우를 전치사가 필요로 하는 목적어라고 하여 '전치사의 목적어'라고 한다.
- 뒤의 문장은 1형식이고 과거 시제이다.

2.4.3.4 when 문장이 4형식 목적어2 자리에 온 경우
    (code ; Fp44)

4형식 예문)

너 언제 점심 먹을 건지 말해줄 수 있니?
(직역 -> 넌 언제 점심을 가지려고 할 건지 말해줄 수 있었지?)
Could you tell me when you will have lunch?

주어	동사	목적어1	목적어2	
You	could tell	me	when you will have lunch?	
전체 시제	현재		목적어2 절 시제	미래

해설

- 'could tell'의 시제는 원래 'can tell'의 과거이다. 하지만 이렇게 엄연히 그 내용이 현재이지만 과거형태를 사용하면 점잖은 표현이 된다. 직역과 같이 그 어감도 부드럽다. 또 when 다음에는 기본적으로 현재형 문장이 온다. 왜냐하면 'when'이라고 묻는 자체가 앞으로 다가오는 미래의 시점을 전제로 하기 때문이다. 그래서 보통 'when' 다음에는 현재형 시제가 온다고 문법에서 말하고 있지만 미래형이 왔다고 틀린 것은 아니고 먼 미래이거나 불확실한 행동에 대해서 종종 미래형으로도 사용된다.
- 뒤의 문장은 1형식이고 미래 시제이다.
- 위의 문장은 의문문이므로 주어와 조동사 'could'의 위치를 바꾸어서 의문문을 완성한다.

2.4.3.5 where 문장이 4형식 목적어2 자리에 온 경우
(code ; Fp44)

4형식 예문)

너 어저께 밤에 어디서 그 사람을 만났는지 말해줄 수 있지?
Could you tell me where you met him last night?

주어	동사	목적어1	목적어2
You	could tell	me	where you met him last night?
전체 시제	현재		목적어2 절 시제 과거

2.4.3.6 why 문장이 4형식 목적어2 자리에 온 경우
(code ; Fp44)

4형식 예문)

너 어제 밤에 왜 혼자서 거기를 갔는지 말해 줄 수 있어?
Could you tell me why you went there last night alone?

주어	동사	목적어 1	목적어2	
You	could tell	me	why you went there last night alone?	
전체 시제	현재		목적어2 절 시제	과거

2.4.3.7 how 문장이 4형식 목적어2 자리에 온 경우
    (code ; Fp44)

4형식 예문)

그 여자는 갑자기 어떻게 하면 난국을 헤쳐나갈 수 있는지 떠올랐다.
It suddenly struck her how she could break the stalemate.

주어	동사	목적어1	목적어2
It	struck	her	how she could break the stalemate.
전체 시제	과거	목적어2 절 시제	과거

해설

- 'suddenly'와 같은 부사는 강조하고 싶은 단어의 앞에 위치한다. 반드시 동사의 앞이 아니다. 대개 부사가 동작을 강조하는 경우가 많을 따름이다.
- 뒤의 문장은 3형식이고 과거 시제이다.

4형식 예문)

사람들은 내가 이제까지 어떻게 살아왔냐고 묻습니다.
The people ask me how I have lived till now.

주어	동사	목적어 1	목적어2	
The people	ask	me	how I have lived till now.	
전체 시제	현재		목적어2 절 시제	현재완료

※ 팝송 'And I love you so' 가사 중에서

4형식 예문)

정상까지 가려면 몇 시간이나 걸리냐고 그 사람에게 물어보세요.
Ask him how many hours it would take to get to the summit.

주어	동사	목적어1	목적어2	
(You)	Ask	him	how many hours it would take to get to the summit.	
전체 시제	현재		목적어2 절 시제	과거

> **해설**
>
> - 'would'는 will의 과거로 '~했을 것이다'의 의미지만 현재형에서 사용하면 정중한 표현이 된다.
> - 뒤의 문장은 3형식이고 과거 시제이다.

2.4.4 4형식 주어, 목적어1 자리에 모두 문장이 온 경우
   (code ; Fp413)

4형식 예문)

너희 회사 다니는 남자가 어제 파티에서 내 옆에 있는 여자에게 email 주소를 물어봤어.
A man who works at your company asked a lady who stood by me at the party last night her email address.

주어	동사	목적어1	목적어2
A man who works at your company	asked	a lady who stood by me at the party last night	her email address.
주절 시제	현재	목적어1의 시제 – 과거	
문장 전체 시제		과거	

해설

- 주절에서 'a man'은 'your company'에서 일하는 사람이므로 주절의 문장 끝에 붙였다. 이 말을 전체 문장의 뒤로 보내면 'your company'에 근무하는 사람은 '그녀'가 되므로 전혀 다른 의미가 된다.
- 주절에서 'your company'에 다니는 'a man'은 현재 다니고 있으므로 현재형 시제를 사용한 것이다.

2.4.5 4형식 주어, 목적어2 자리에 모두 문장이 온 경우

4형식에서 주어, 목적어2 자리에 모두 문장이 온 경우이다. 코드는 5형식 중 4형식의 첫 번째 자리와 네 번째 자리에 모두 문장이 왔으므로 'Fp414'이라고 한다.
(code ; Fp414)

4형식 예문)

우리와 함께 이야기를 나누었던 은행직원이 그녀는 어떤 비밀 은행 계좌도 찾을 수가 없었다고 우리에게 말했다.
The bank officer we spoke with told us she couldn't find any secret bank account.

주어	동사	목적어1	목적어2
The bank officer we spoke with	told	us	she couldn't find any secret bank account.
주절 시제　　과거	과거	목적어2의 시제	과거
문장 전체 시제	과거		

해설

- 주어에 있는 문장은 엄격히 말하면 주절이라고 보기 어려운 측면이 있다. 주어는 분명히 'the bank officer'이고 그 뒤에 온 문장은 주절이라기보다 이 말을 설명한 'Attach형'이라고 볼 수 있다. 그러나 복문장의 예를 보여주기 위해 주어에 있는 전체 문장을 주어라고 간주하고 예를 보여준 것이다. 여러분은 이러한 문장을 'Attach형'으로 분류해도 상관 없다.

2.4.6 4형식 목적어1, 2 자리에 모두 문장이 온 경우
   (code ; Fp434)

4형식에서 목적어1,2 자리에 모두 문장이 온 경우이다.
코드는 5형식 중 4형식의 세 번째 자리와 네 번째 자리에 모두 문장이 왔으므로 'Fp434'이라고 한다.
(code ; Fp434)

4형식 예문)
어제 밤 파티에서 내 옆에 서있던 사람에게 내가 오늘 아침 쇼핑몰에서 산 것을 보냈어.
I sent a man who stood by me at the party last night what I bought at shopping mall this morning.

주어 + 동사		목적어1	목적어2
I sent		a man who stood by me at the party last night	what I bought at shopping mall this morning.
전체 시제	과거	목적어1 문장의 시제 - 과거	목적어2 문장의 시제 - 과거

해설

- 목적어2에 있는 내용이 구체적이지 않기 때문에 의문문처럼 'what'을 사용한 것이다.
- 만일 그 내용이 구체적이라면 내용이 확실하므로 'what'을 사용하지 않고 관계대명사 'that'을 사용하여 연결할 수 있다.
  예를 들면
  I sent a man who stood by me at the party last night a gift that I bought at shopping mall this morning.
  이라고 하는 것이다.

2.4.7 4형식 주어, 목적어1,2 자리에 모두 문장이 온 경우

4형식에서 주어, 목적어1,2 자리에 모두 문장이 온 경우이다.
코드는 5형식 중 4형식의 첫 번째, 세 번째 자리, 네 번째 자리에 모두 문장이 왔으므로 'Fp4134'이라고 한다.
(code ; Fp4134)

4형식 예문)

너희 회사 다니는 남자가 어제 밤 파티에서 내 옆에 서있던 여자에게 자기가 오늘 아침 쇼핑몰에서 산 것을 보냈어.
A man who works at your company sent a lady who stood by me at the party last night what he bought at shopping mall this morning.

주어		동사	목적어1	목적어2
A man who works at your company		sent	a lady who stood by me at the party last night	what he bought at shopping mall this morning.
주절 시제	현재		목적어1 문장의 시제 - 과거	목적어2 문장의 시제 - 과거
		전체 문장 시제 - 과거		

2.5   5형식에서 단어 대신 사용되는 문장

문장의 5형식 안에 문장이 오는 경우는 주어의 자리와 목적어, 목적어를 설명하는 말(목적보어)의 자리에 단어 대신 문장이 오는 것이다. 5형식은 마치 2개의 문장처럼 보이기 때문에 영작 훈련을 많이 하지 않으면 잘 사용하게 되지 않는다. 실제로도 그다지 자주 사용되는 문장의 형태는 아니다.
하지만 목적어와 목적보어의 관계처럼 문장의 중간에도 어떤 단어와 그를 설명하는 말은 이와 같은 순서로 나열된다는 사실을 잘 이해할 필요가 있다. 5형식에 익숙하면 이러한 단어의 나열 형태를 매우 자연스럽게 구사할 수가 있게 될 것이며 또 이러한 형태가 매우 보편적으로 자주 사용된다는 것도 알게 될 것이다.
5형식의 문장 영작에 익숙해지면 5형식 안에서 사용되는 복문장도 익숙해질 것이다. 물론 5형식의 문장을 영작한다는 것은 이러한 형태의 문장을 정확하게 번역한다는 것이 될 것이다. 영작 훈련은 독해 능력이 저절로 생기는 지름길이 될 것이다. 독해가 안 된다면 당연히 듣기도 안 될 것이다.
5형식에서 목적어를 설명하는 말 즉 목적보어의 자리에 문장이 오는 경우를 문법에서는 '목적보어절'이라고 한다. 이러한 문법적 용어가 익숙하지 않고 어려운 이유는 문장의 형식 즉 단어를 나열하는 순서를 모르기 때문이다. 이러한 형식 즉 단어를 나열하는 순서를 이해하게 되면 '주절', '보어절', '목적절', '목적보어절' 등의 용어는 아주 쉽게 다가올 것이다. 결국 그 자리에 단어 대신 문장이 왔다는 말이다.,
5형식에서 사용되기 때문에 코드로 표시할 때에는 **'Fp5'**로 시작된다.

2.5.1 5형식 주어 자리에 문장이 온 경우
(code ; Fp51)

5형식에서 주어 자리에 문장이 온 경우이다.
코드는 5형식 중 5형식의 첫 번째 자리에 문장이 왔으므로 'Fp51'이라고 한다.
(code ; Fp51)

5형식 예문)

우리 회사 다니는 남자가 내가 떠나지 않기를 바래.
A man who works at my company wants me not to go.

주어	동사	목적어	목적보어
A man who works at my company	wants	me	not to go.
주절 시제	현재	전체 문장 시제 - 현재	

2.5.2 5형식 목적어 자리에 문장이 온 경우
 (code ; Fp53)

5형식에서 목적어 자리에 문장이 온 경우이다.
코드는 5형식 중 5형식의 세 번째 자리에 문장이 왔으므로 'Fp53'이라고 한다.
(code ; Fp53)

5형식 예문)

사장님이 어저께 파티에서 내 옆에 있던 사람에게 이번 달까지 내 프로젝트를 끝내는 걸 도우라고 시켰어.
My boss let a man who stood by me at the party last night help me to finish my project this month.

주어	동사	목적어	목적보어
My boss	let	a man who stood by me at the party last night	help me to finish my project this month.
전체 시제	과거	목적어 시제 – 현재	

> **해설**
> - 목적보어에 있는 'help'는 원래 'to help'라고 해야 하는데 앞의 본동사 'let'이 사역동사이기 때문에 'to'를 생략한 것이다.
> - 'let'의 과거, 과거분사가 같은 형태라서 현재형처럼 보이지만 여기서는 과거로 사용된 것이다. 만일 현재형이라면 'lets'가 되어야 한다.

2.5.3 5형식 목적보어 자리에 what 문장이 온 경우
    (code ; Fp54)

5형식 예문)

오늘날의 나는 당신이 만들었습니다.
You have made me what I am.

주어	동사	목적어1	목적보어	
You	have made	me	what I am.	
전체 시제	현재완료		목적보어절 시제	현재

※ 팝송 'Lady' 가사에서

해설

- 전체 문장의 시제는 현재완료이다. 즉 어떠한 상태로 만들었다는 의미로 사용 되었고 그 상태가 현재까지 유지되고 있다는 의미이다. 현재완료는 우리말에 없기 때문에 어떠한 상태에서 현재완료가 사용되는지 유념해서 보아야 한다.
- 뒤의 문장은 2형식이고 현재 시제이다. 주격보어는 'what'이다.

Chapter 3. Process 형의 복문장

Chapter 3. Process 형의 복문장

시간의 흐름에 따라 발생하는 순서대로 문장이 나열되는 복문장 형태로 계속 차례로 문장을 만들어 사용하면 된다. 앞의 문장과 뒤에 오는 문장의 내용 변화에 따라 접속사가 오는 경우도 많다.
코드는 Process의 머리글자를 따서 'Pr'로 표기한다.

3.1 접속사 없이 시간의 흐름대로 나열된 Pr
   (code ; Pr)

Pr 예문)

서두르세요, 우리가 기차를 놓칠 거에요.
Hurry up, we will miss the train.

앞의 문장	뒤의 문장
(You) Hurry up,	we will miss the train.
현재	미래

해설

- 앞의 문장은 명령어이기 때문에 주어 'you'가 생략된 것이다. 아래의 문장처럼 'and'가 없으면 '그러면 ~~' 이렇게 의미되는 것이 아니라 앞의 문장의 시간의 흐름에 따라 뒤의 문장이 차례로 오는 의미가 된다.
- 뒤의 문장은 3형식이고 미래 시제이다.

3.2 접속사가 사용된 Pr

3.2.1 and로 연결되는 Pr

'and'로 연결되는 문장은 앞의 문장 다음으로 뒤의 문장을 행한 것이 된다. 그러나 앞의 문장이 주어가 생략된 명령문인 경우 'and'는 '그러면'의 뜻이 된다. 즉 앞의 문장의 결과로 뒤의 문장이 된다는 것을 강조하는 것이 되는 것이다.
(code ; Pr)

Pr 예문)

서두르세요, 그러면 기차를 탈 수 있습니다.
Hurry up and we can get on the train.

앞의 문장	연결	뒤의 문장
(You) Hurry up,	and	we can get on the train.
현재		현재

해설

- 앞의 문장은 명령어이기 때문에 주어 'you'가 생략된 것이다. 'and'로 두 문장이 연결되면 그러면 그 결과 '~ 이렇게 될 것이다'가 된다.
- 뒤의 문장은 1형식이고 현재 시제이다.
- 기차, 비행기, 배처럼 크기가 큰 탈 것은 'get on'이라고 표현하고
  자동차와 같이 작은 탈 것은 'get in'이라고 표현한다.
  내리는 것은 구분 없이 'get off'' 혹은 'get out of'라고 표현한다.

Pr 예문)

난 아직도 여전히 진짜 감옥에 있어요. 내 사랑 그녀가 열쇠를 쥐고 있어요.
I am really still in prison and my love she holds the key.

앞의 문장	연결	뒤의 문장
I am in prison	and	she holds the key.
현재		현재

※ 팝송 'Tie a yellow ribbon around ole oak tree' 가사 중에서

Pr 예문)

창문을 열어 주세요, 그러면 신선한 공기가 들어오게 되요.
Please open the window and let in fresh air.

앞의 문장	연결	뒤의 문장
Please open the window	and	let in fresh air.
현재		현재

3.2.2 or로 연결되는 Pr

'or'로 연결되는 문장은 '또는' 다음의 다른 대등한 문장의 의미가 오게 된다. 앞의 문장이 명령문이면 '그렇지 않으면'의 의미를 갖게 된다. (code ; Pr)

Pr 예문)

서둘러, 그렇지 않으면 우리는 기차를 놓치게 될지도 몰라.
Hurry up or we may miss the train.

앞의 문장	연결	뒤의 문장
Hurry up	or	we may miss the train.
현재		현재

> **해설**
> - 앞의 문장은 명령어이므로 주어 'you'가 생략된 것이다. 만일 주어를 생략하지 않고 포함하면 주어를 강조하게 되어 상대방을 기분 나쁘게 할 수 있다.
> - 뒤의 문장은 3형식 현재의 시제이다.

3.2.3 so(혹은 so that)로 연결되는 Pr

'so' 혹은 'so that'으로 연결되는 문장은 앞의 문장의 결과로서 뒤의 문장이 온다는 뜻으로 사용된다. 우리말로 하면 '그래서' 혹은 '그리하여'가 된다고 볼 수 있다.
(code ; Pr)

Pr 예문)
광고는 고객의 구매 습관에 영향을 끼치려는 시도를 합니다, 그래서 고객은 현재 광고중인 상품을 구매하게 될 것입니다.
Advertising attempts to influence the customer's buying habits so that he will purchase the product being advertised.

앞의 문장	연결	뒤의 문장
Advertising attempts to influence the customer's buying habits	so that	he will purchase the product being advertised.
현재		현재

해설
- 뒤의 문장은 3형식 미래 시제이다.
- 현재분사 'being'이 사용되었으므로 '~하는 중인 진행형 상태'가 된다.
- 그 뒤에 나온 단어 'advertised'는 과거분사이다. 과거분사는 어떤 상태가 오랫동안 지속되고 있는 상태에 사용한다. 진행형이 오래 유지되고 있는 상태라고 보면 된다. 앞에 'have'나 'had'를 붙여 완료형을 만드는데 지금까지 지속되고 있으면 현재완료 과거에 끝난 상태라면 과거완료가 된다. 'be + 과거분사'는 그다지 오래지 않은 지속상태를 의미한다.

Pr 예문)

옆에 있는 데가 위험해 그래서 넌 내 옆에 가까이 있는 게 좋겠어.
(직역 - 이웃해 있는 지역이 위험해, 그래서 너는 내 가까이 머무를 필요가 있어.)
The neighboring areas are dangerous so that you need to stay close to mine.

앞의 문장	연결	뒤의 문장
The neighboring areas are dangerous,	so that	you need to stay close to mine.
현재		현재

해설
- 우리가 흔히 '원한다'는 표현은 영어에서는 **'need'**로 표현될 때가 많다. 즉 원할 때와 필요할 때를 세분화해서 표현하는 것이다. 예를 들어
  식당에서 물이나 휴지를 원할 때는 필요하다고 표현한다.
- 뒤의 문장은 3형식 현재 시제이다.

Pr 예문)

당신은 나를 일으켜 세웁니다. 그래서 난 산 위에 설 수 있습니다.
You raise me up, so I can stand on mountains.

앞의 문장	연결	뒤의 문장
You raise me up	so	I can stand on mountains.
현재		현재

※ 팝송 'You raise me up' 가사 중에서

해설
- 뒤의 문장은 1형식 현재 시제이다.

3.2.4 but로 연결되는 Pr

'but'로 연결되는 문장은 앞의 문장과 뒤의 문장이 정 반대의 내용을 담고 있는 경우이다.
(code ; Pr)

Pr 예문)

조심스러운 운전자라면 그 아이를 인식했을지도 모릅니다, 그러나 그는 그렇게 하지 않았습니다.
A careful driver might have noticed the child, but he didn't.

앞의 문장	연결	뒤의 문장
A careful drive might have noticed the child,	but	he didn't.
가정법 과거완료		과거

해설

- 가정법 과거완료는 과거의 지속적 상황이나 과거의 어떤 상황을 가정할 때 사용한다. 우리말에는 완료형이 없기 때문에 매우 이해하기가 어렵다. 더구나 가정법의 시제는 우리와는 또 다르게 사용한다. 여기서는 앞의 문장이 'might' 다음에 현재완료형의 문장이 온다. 그러나 'might'가 과거이기 때문에 과거완료라고 하는 것이고 'might'가 있을 때는 과거를 가정해서 말하는 것이므로 '가정법 과거완료'라고 하는 것이다.
- 뒤의 문장은 3형식 과거 시제이며 동사와 목적어 모두 앞의 문장과 같기 때문에 생략된 것이다..

3.2.5 yet로 연결되는 Pr

'yet'로 연결되는 문장은 'but'와 같은 의미를 갖는다.
(code ; Pr)

Pr 예문)

Jane은 수학은 잘했어요, 하지만 'A'학점은 받은 적이 없어요.
Jane was good at math, yet she never got on A.

앞의 문장	연결	뒤의 문장
Jane was good at math,	yet	she never got on A.
과거		과거

3.2.6 otherwise로 연결되는 Pr

'otherwise'도 'but'와 마찬가지로 앞의 문장의 내용을 완전히 바꾸어 뒤의 문장을 소개할 때 사용한다.
(code ; Pr)

Pr 예문)

내 친구가 돈을 빌려 주었어요. 그렇지 않았다면 유럽 여행을 할 수 없었을 겁니다.
My friend lent me the money, otherwise I couldn't have traveled Europe.

앞의 문장	연결	뒤의 문장
My friend lent me the money,	otherwise	I couldn't have traveled Europe last summer.
과거		과거

3.2.7 therefore로 연결되는 Pr

'therefore'는 앞의 문장의 내용으로 인하여 뒤의 문장의 결과가 진행될 때 사용하는 일종의 접속사이다.
(code ; Pr)

Pr 예문)

지연이가 영어공부를 열심히 해 왔어요. 그래서 이번 일요일 시험에 통과할 것입니다.
Jane has studied English very hard, therefore she will pass the exam this coming Sunday.

앞의 문장	연결	뒤의 문장
Jane has studied English very hard,	therefore	she will pass the exam this coming Sunday.
현재완료		미래

3.2.8 then로 연결되는 Pr

'then'은 앞의 문장 다음의 시간상 흐름으로 나타나는 행동의 연결로 나타나는 뒤의 문장과 연결하는 접속사이다.
(code ; Pr)

Pr 예문)

그는 카메라의 파인더를 통해서 그녀를 보고 그리고 사진을 찍었다.
He looked her through the viewfinder of the camera, then he took a picture.

앞의 문장	연결	뒤의 문장
He looked her through the viewfinder of the camera,	then	he took a picture.
과거		과거

3.2.9 besides로 연결되는 Pr

'besides'는 앞의 문장에 덧붙이는 내용이 문장으로 올 때 사용한다.
(code ; Pr)

Pr 예문)

넌 다음 학기에 변경할 수 있어, 게다가 너의 부모님에게 말하지 않으면 되잖아.
You can change next term, besides you can always just not to tell your parents.

앞의 문장	연결	뒤의 문장
You can change next term,	besides	you can always just not to tell your parents.
현재		현재

3.2.10 not only, but also로 연결되는 Pr

not only, but also로 연결되는 문장은 2개의 문장이 앞에는 'not only' 뒤의 문장은 'but also'가 온다. 의미는 '~ 뿐만 아니라 ~ 도'의 뜻이 된다. 직역을 하면 '단지 ~만이 아니라 그러나 ~가 있다(한다)'가 된다.
(code ; Pr)

예문

그들은 결혼했을 뿐만 아니라 그 여자는 임신을 했어요.
Not only are they getting married, but she is pregnant.

앞의 문장	연결	뒤의 문장
Not only are they getting married,	but (also)	she is pregnant.
현재진행		현재

해설
- 앞의 문장은 원래 'They are getting not only married, but she is pregnant.'인데 강조하기 위해서 도치된 문장이다. 이처럼 도치를 할 때는 아무렇게나 하는 것이 아니라 반드시 '부사 + 동사 + 주어'의 순으로 하여야 한다.
- 연결하는 'but also'는 종종 'also'를 생략하고도 사용한다.
- 우리말로는 '결혼하다'와 결혼한 상태를 구별하지 않고 사용하는데 영어는 결혼식을 하는 것과 결혼해 사는 것을 구별해서 사용한다. 'They got married.'는 '그들은 결혼식을 했어'가 되고 'They are married.' '그들은 결혼해서 살고 있는 상태'를 말하는 것이다.

3.2.11 which로 연결되는 Pr

which로 연결되는 Process형 문장은 특별히 계속적 용법이라고 한다. 이러한 경우는 우리말의 순서와 같이 그대로 해석하면 된다. 물론 which는 그 앞의 단어를 의미한다. 보통 앞의 단어를 보다 구체적으로 설명할 때 사용한다.
(code ; Pr)

예문

그는 얼굴의 왼쪽 편에 구레나룻의 반이 없어진 상태인데 그것은 그를 약간 불균형하게 보이도록 만들었다.
He'd lost half the whiskers on the left side of his face, which made him look a little lopsided.

앞의 문장	뒤의 문장
He'd lost half the whiskers on the left side of his face,	which made him look a little lopsided.
과거완료	과거

해설
- 앞의 문장에서 구레나룻의 반이 없어진 상태가 되었으므로 과거완료의 시제를 사용한 것이다. 전체의 시제가 현재 과거이므로.
- which는 앞 문장의 'the whiskers-구레나룻'을 의미한다.
- 뒤의 문장에서 which 자체가 주어로 사용되었다.
- 뒤의 문장은 5형식이기 때문에 'to look'에서 'to'가 생략된 것이다.
- whiskers는 보통 복수로 사용한다.

Chapter 4. If-then 형 복문장(선조건 후결과)

Chapter 4.   If-then 형 복문장(선조건 후결과)

조건의 문장이 문장의 앞에 나타나고 그 조건에 대한 결과가 뒤에 나타나는 복문장으로 If로 시작하는 모든 가정의 문장이 여기에 해당되고 그 밖에 접속사가 사용되면서 다양한 형태의 복문장이 있다.
우리말과 순서가 같기 때문에 비교적 영작을 하기가 쉽다. 그러나 'when'으로 시작하는 문장은 원칙적으로 앞의 문장으로 사용하는 것은 어색하다.

예를 들어
'아빠가 방에 들어오실 때 난 방에서 TV를 보고 있었다'라고 하면 우리말의 순서와 같이 'when'으로 문장을 시작하는데 이 경우는

'I was watching TV, when my father came into my room'

라고 하는 것이 자연스러운 영어식 표현이다. 즉 영어는 의미를 상대방에게 전달하기 위해 중요한 메시지 순으로 나열하는 것이다.

그러나 '공항에 도착하면 나에게 전화해'라는 문장은

'When you get the airport, call me'

라고 표현하는데 우리말로 보면 비슷해 보이지만 영어에서 이 경우 'when' 문장은 가정법과 같이 어떤 조건의 의미를 담고 있다. 이럴 때는 'when' 문장을 앞에 사용하는 것이 영어식 표현이다. 말 그대로 '선조건 후결과'가 되는 것이다.
코드는 앞의 단어를 이용하여 'It'로 표현한다.

이 책은 가정법을 본격적으로 다룬 책이 아니므로 보다 자세한 사항은 가정법에 관해서 전문적으로 다룰 현재 집필중인 '가정법의 모든 것(가칭 2012년 말 출간예정)'을 참고 하기 바란다.

4.1 가정법 과거완료 It

가정법 과거완료는 과거의 지난 사실을 가정하여 말하는 것이다. 즉 '~했더라면 좋았을 텐데'쯤에 해당하는 문장이라고 볼 수 있다. 그러므로 가정을 하는 문장이나 그 가정에 대한 결과의 문장도 당연히 같은 시제라야 할 것이다. 정확히 말하면 가정을 하는 것보다 그 결과의 문장이 거의 동시이거나 아주 짧더라도 그 이후의 시간이 될 것이다. 그렇다고 이 미세한 시점의 흐름까지 구분해서 표현하지는 않는다. 우리말도 그렇다. 그러한 미세한 차이까지 대화에서 구분할 필요가 없어서 그럴지도 모른다. 동사의 시제가 그렇다는 것이지 보다 자세한 시간의 흐름을 표현하고 싶으면 부사와 시간을 표현하는 방법으로 얼마든지 정확히 표현할 수는 있다.

이렇게 과거의 사실을 가정해서 말하는 것이 '가정법 과거완료'이다. 우리말에는 동사에서 '과거분사'라는 표현이 없고 따라서 '완료형'이란 표현도 없기 때문에 이 부분의 영어표현을 이해하기가 어렵다. 정확히 완료형이란 한동안 어떤 동사의 동작이 지속되는 상황을 표현하는 것이다. 바로 그것이 과거분사이고 완료형은 과거분사를 이용하여 그 지속 상태가 과거에 종료된 것인지 현재까지 지속되는 것인지를 구분하여 '현재완료, 과거완료'라고 하는 것이다.
용어가 '과거'라는 말을 담고 있기 때문에 '과거분사'를 과거의 사실이라고 생각하는 것은 오류를 범하기 쉽다. 진행형은 과거분사처럼 지속 시간이 긴 것이 아닌 동작되고 있는 상황을 표현할 때 사용하는 것이다. 'be' 동사를 동사의 앞에 붙여 현재와 과거, 미래를 구분한다.
그러나 가정법 과거와는 다르다. 가정법 과거는 뒤에서 설명할 예정이다.
앞의 문장에서 가정을 한다면 뒤의 문장은 그 가정의 결과를 말하는데 형태가 '현재완료'처럼 보이지만 그 앞의 조동사가 'would, should, might, could'가 오기 때문에 '과거완료'라고 하는 것이다. 즉 'will, shall, may, can'의 과거형이기 때문이다.
가정법 과거완료는 과거의 사실을 가정하므로 현재의 상태와는 무관하다. 한 때 실행되지 않은 과거를 가정해서 말하지만 정확히 지금 현재는 이루어질 수도 있고 아닐 수도 있기 때문이다.
(code - It)

It 예문)

만일 그가 가난하지 않았더라면 그는 결코 헤어지지 않았을 겁니다.
If he had not been very poor, he would never have parted with it.

앞의 문장	뒤의 문장
If he had not been very poor,	he would never have parted with it.
가정법 과거완료	would + 현재완료

해설

- 가정법 과거완료에서 앞의 if 문장이 과거완료가 오면 뒤에 오는 문장은 반드시 would(or should, could, might) + 현재완료의 형태가 온다.
- 앞의 문장은 2형식 과거완료 시제이며 뒤의 문장은 3형식 과거완료이다.
  그러나 이러한 경우는 항상 '가정법 과거완료'라고 한다.

4.2   가정법 과거 It

가정법 과거는 흔히 문법에서 현재 사실의 반대라고 말한다. 이렇게 해서는 명확하게 가정법 현재와 구별하기 힘들다. 우리말에서 가정법은 '가정법 현재'와 '가정법 과거'를 구별해서 말하지 않기 때문에 그러한 문제가 생기는 것이다.
영어에서는 이 두 가지 시제는 엄연히 다르게 구분하여 사용한다. 가정법 과거는 과거의 사실을 가정해서 말하지만 그 결과가 현재까지 영향을 미치는 경우이다. 예를 들어

'돈이 100만원 생긴다면 난 노트북을 살 거야'

라고 가정을 할 때
영어에서는 현재 이 돈이 이미 생겨서 내 주머니에 있어서 이미 노트북을 산 경우와 앞으로 돈이 생기기를 가정해서 말하는 경우를 구분한다는 것이다. 우리말은 엄격하게 이 경우를 구분하지 않기 때문에 만일 구분을 원하면 꼬치꼬치 물어야 한다.
영어에서 가정법 과거는 이미 돈이 100만원이 생겨서 노트북을 사서 갖고 있기를 바라는 마음으로 가정을 한다는 것이다. 만일 앞으로 그렇게 하겠다는 의미로 말하면 '가정법 현재'가 된다.
보다 명확하게 알고 싶으면 동화나 소설, 수필 등 영어원서를 읽어서 영어식 가정법의 표현 사례를 문장에서 보는 것이 좋을 것이다.

위의 문장은 우리말의 입장에서 보면 앞으로 발생할 수 있는 가정처럼 보이지만 실제 회화에서는 이렇게 말하지 않고

돈이 100만원 있으면 난 노트북을 살 텐데.

라고 말하는 경우가 더 흔하다. 즉 앞의 문장은 마치 앞으로 발생할 것을 가정하는 것처럼 보이고 뒤의 문장은 이미 노트북을 산 것처럼 표현한다. 즉 영어식으로 보면 과거와 현재를 엄밀하게 구분하여 사용하는 것이다.
복문장 코드는 시제와 상관이 없으므로 여전히 'If'이다. (code – It)

It 예문)

내가 더 열심히 일했더라면 난 어딘가로 갔을지도 모른다.
If I worked harder, I might get somewhere.

앞의 문장	뒤의 문장
If I worked harder,	I might get somewhere.
가정법 과거	might + 현재

해설

- 가정법 과거에서 if 문장이 과거가 오면 뒤의 문장은 might(would, should, could) + 현재형의 문장이 온다. 가정법 과거와 가정법 현재는 우리말에서는 구분하지 않고 쓰는 경향이 있는데 영어에서는 그 시점을 엄밀히 구분하여 사용한다. 그래서 혼돈을 하는 것이다. 앞으로 분명하게 다가올 미래에 발생할 것을 전제로 하면 가정법 현재이고 이미 발생하여 존재하거나 실현이 되기를 바라는 마음이면 가정법 과거를 사용한다. 보다 더 정확한 구분을 알고 싶다면 저자가 저술한 '한국(일본)인에게 맞는 영문법'의 도서 중에서 가정법을 보면 상세히 기술되어 있다.

4.3 가정법 현재 It

'가정법 현재'는 영어에서는 앞으로 발생할 것을 가정해서 말하는 것이다. 우리말의 입장에서 보면 가정법 미래라고 할 수 있다. 영어에서 가정법 미래는 실현 불가능한 미래의 일을 가정하여 말할 때 사용한다. 아마도 언젠가 먼 미래에 가능할 수도 있기 때문에 그렇게 구분하는 지도 모른다.

It 예문)

만일 그가 당신에게 행복을 가져다 준다면, 그 땐 난 당신들 모두가 최고이기를 바라겠습니다.
If he bring you happiness then I wish you both the best.

앞의 문장	뒤의 문장
If he bring you happiness	then I wish you both the best.
가정법 현재	현재

※ 팝송 'Before the next teardrops fall' 가사 중에서

해설

- 가정법에서 if 문장 안에는 주어 다음에 원형 동사가 온다. 즉 주어가 3인칭 단수인 'he'임에도 동사의 원형이 왔으므로 동사의 끝에 's'를 붙이지 않았다. 하지만 현재 미국 영어에서는 이러한 원칙이 거의 사라져 둘 다 사용되고 있다고 할 수 있다.

It 예문)

만일 내가 오래된 참나무 가지 주변에 있는 리본을 보지 못한다면 나는 버스에서 내리지 않겠어요.
If I don't see a ribbon round the ole oak tree, I will stay on the bus.

앞의 문장	뒤의 문장
If I don't see a ribbon round the ole oak tree,	I will stay on the bus.
가정법 현재	미래

※ 팝송 'Tie a yellow ribbon around ole oak tree' 가사 중에서

해설

- 가정법 현재에서 if 문장이 현재형이면 뒤에 오는 문장은 미래형 (혹은 아래 문장의 예에서처럼 '미래완료진행형')을 사용한다.

It 예문)

만일 내 오래된 차가 다음주까지 아무일 없으면 앞으로 20년 동안은 주요한 부분의 고장 없이 굴러가게 될 거에요.
If my old car survive until next month, it will have been running without major repairs for two decades.

앞의 문장	뒤의 문장
If my old car survive until next month,	it will have been running without major repairs for two decades.
가정법 현재	미래완료진행형

해설

- 미래완료진행형은 미래진행형을 완료형으로 바꾼 것으로 그리 자주 사용되는 문장은 아니지만 아주 강조하여 미래의 일정 시간 동안 상태가 지속될 때 사용한다. 즉 여기서는

'it will be running without major repairs for two decades'

의 문장에서 'be' 동사 부분을 현재완료의 형태인 'have been'으로 바꾼 것이다. 위의 문장은

It will run without major repairs for two decades.

를 미래진행형으로 바꾼 것이다.
미래 진행은 미래를 보다 강조할 때 사용한다.
- 가정법에서는 위에서 언급한 바와 같이 3인칭에 's' 붙이지 않고 동사 원형을 쓰는 것이 원칙이다.

It 예문)
만일 하나를 사면, 당신은 또 다른 하나를 공짜를 가질 수 있어요.
If you buy one, you can get another for free.

앞의 문장	뒤의 문장
If you buy one,	you can get another for free.
가정법 현재	현재형

해설

- 앞의 문장이 if 문장이 왔지만 뒤의 문장은 가정법 형태라고 할 수는 없다. 그냥 평서문이 온 것이다. 더구나 'can의 할 수 있다'는 의미는 '앞으로든 현재든 할 수 있다'의 의미므로 구태여 미래형을 사용하지 않는다. 굳이 현재는 할 수 없지만 미래의 언젠가는 할 수 있다'는 의미로 사용하고 싶으면 'will be able to + 원형동사'를 사용한다.

It 예문)
만일 네가 안 가면 나도 가지 않을 거야.
If you don't go, I will not go either.

앞의 문장	뒤의 문장
If you don't go,	I will not go either.
가정법 현재	미래

해설

- 부정문에서 '역시'라는 의미는 'either'를 사용한다.

4.4　가정법 미래 It

가정법 미래는 미래에 발생하는 일 중에서 실현이 불가능한 미래에 사용한다. 이를테면 '해가 서쪽에서 뜨면'이라던가 '내가 너라면' 등의 표현에 사용한다. 우리말의 입장에서 보면 가정법 현재거나 과거처럼 보이기도 하는데 이러한 표현에서 우리는 별도의 시제를 사용한다. 즉 각각의 문장에 대하여 또 다시 시제를 부여한다는 것이 우리말과 다른 점이다. 그러므로 영어를 번역만으로는 영어가 늘지 않는 것이다. 영작을 해 보면서 영어의 시제와 가정법 등을 선택해서 우리말에 없는 것을 해보는 습관이 필요한 것이다. 영어회화가 안 되는 것이 아니라 영작을 못하는 것이다.

It 예문)

우리 아버지는 인생을 다시 산다면 음악가가 되었을 거에요.
If my father should live his life again, he would be a musician.

앞의 문장	뒤의 문장
If my father should live his life again,	he would be a musician.
과거	과거

해설

- 가정법 미래는 용어는 미래라고 하지만 실제 형태는 'if' 문장이나 그 뒤의 조건에 따른 결과의 문장 모두 과거형태를 취한다. 아마도 형태는 미래라고 하지만 '그렇게 했을 것이다'라는 지난 시절에 대한 생각과 현재 그리고 앞으로 다가올 모든 것을 모두 포함하는 의미를 담기 위해서 과거부터 진행되어 왔다는 의미로 시제를 택했을 것으로 보인다.

4.5 그 밖의 가정법 It

가정법은 반드시 'if'로 시작하는 것만 있는 것이 아니다. 몇 가지 'if'가 아닌 가정법을 소개하겠지만 복문장 소개를 위한 것이지 가정법 소개를 위한 것이 아니므로 다양하고 정확한 'if'가 아닌 가정법을 보기 위해서는 가정법을 전문적으로 다룬 책을 보아야 할 것이다. 필자가 저술한 '한국(일본)인에게 맞는 영문법'의 가정법 chapter를 보거나 2012년 내에 출간될 현재 집필 중인 '가정법의 모든 것(가칭)'을 참고하기 바란다.

It 예문)

심판이 그것을 보았더라면 우리 팀이 그 시합을 이겼을 거에요.
Had the referee seen it, our team would win the game.

앞의 문장	뒤의 문장
Had the referee seen it,	our team would win the game.
과거완료	과거

해설

- 'if'가 없지만 앞의 문장이 과거완료이면서 뒤의 문장이 '~ would(혹은 should, might, could)'이면 앞의 문장은 가정해서 말하는 것이 된다.
- 앞의 문장은 주어와 조동사의 위치가 바뀐 도치의 형태이다. 이렇게 가정해서 말할 때는 주로 앞의 문장은 도치의 형태로 한다.

4.6 접속사가 사용되지 않는 It

It 예문)

어떤 대가를 치르더라도 내일을 위해 희생을 할 거예요.
(직역 -> 값이 무엇이든 상관없이 내일마다 쭉 희생을 치를 겁니다.)
No matter what the price is, I will make the sacrifices through each tomorrow.

앞의 문장	뒤의 문장
No matter what the price is,	I will make the sacrifices through each tomorrow.
현재	미래

It 예문)

일단 감자칩 먹는 것을 시작하면, 멈추는 것은 나한테 힘들어.
Once I start eating potato chips, it is hard for me to stop.

앞의 문장	뒤의 문장
Once I start eating potato chips,	it is hard for me to stop.
현재	현재

It 예문)

책을 살 때마다 보너스 점수를 얻게 됩니다.
Each time you buy a book, you earn bonus points.

앞의 문장	뒤의 문장
Each time you buy a book,	you earn bonus points.
현재	현재

4.7 접속사가 사용되는 It

4.7.1 though (or although) 문장이 사용되는 It

It 예문)

비록 그 여자가 그런 엄청난 일을 저질렀지만, 그 여자의 엄마는 그 여자가 젊기 때문에 용서를 해주었다.
(직역 -> ....., 그 여자의 엄마는 그녀의 젊은 때문에 관용을 만들었다.)
Although she had done such a terrible thing, her mother made allowances for her youth.

앞의 문장	뒤의 문장
Although she had done such a terrible thing,	her mother made allowances for her youth.
과거완료	과거

It 예문)

비록 우리가 잠깐 춤을 추었지만 곧 우리는 헤어져야만 했어요.
Though we danced for one moment soon we had to part.

앞의 문장	뒤의 문장
Though we danced for one moment	soon we had to part.
과거	과거

※ 팝송 'Changing Partners' 가사 중에서

4.7.2 even though 문장이 사용되는 It

It 예문)

비록 오늘날 많은 상품들이 대부분의 사람들에게 사용하기 편하다 할지라도 일부의 상품들은 장애가 있는 사람들에게는 사용하기가 매우 곤란하다.
Even though many products today are easy for most people to use, some products are quite difficult for disabled people to use.

앞의 문장	뒤의 문장
Even though many products today are easy for most people to use,	some products are quite difficult for disabled people to use.
현재	현재

4.7.3 anytime 문장이 사용되는 It

It 예문)

고통을 느낄 때마다 세상을 짐을 네가 지려고 하지마.
(직역 -> 고통을 느낄 때마다 세상을 네 어깨들 위에 올려 놓으려고 하지마.)
Anytime you feel the pain, don't carry the world upon your shoulders.

앞의 문장	뒤의 문장
Anytime you feel the pain,	don't carry the world upon your shoulders.
현재	현재

4.7.4 as 문장이 사용되는 It

It 예문)

이미 말했지만 10% 인상을 고려 중이에요.
(직역 -> 내가 말하고 있는 중이었던 것처럼, 우리는 10% 인상을 쳐다 보고 있어요.)
As I was saying, we're looking at an increase of ten percent.

앞의 문장	뒤의 문장
As I was saying,	we are looking at an increase of ten percent.
과거진행	현재진행

4.7.5 as soon as 문장이 사용되는 It

It 예문)

그녀는 나를 보자마자 웃으려고 하였다.
As soon as she saw me, she began to smile.

앞의 문장	뒤의 문장
As soon as she saw me,	she began to smile.
과거	과거

4.7.6 because 문장이 사용되는 It

It 예문)

길동이는 연습을 열심히 계속해서 해 왔기 때문에 그 시합을 이길 것 같다.
Because Gildong has been practicing very hard, he is very likely to win the game.

앞의 문장	뒤의 문장
Because Gildong has been practicing very hard,	he is very likely to win the game.
현재완료진행	현재

해설

- 현재완료진행은 현재진행의 **be** 동사에 대하여 완료형을 취한 것이다. 직역하면 현재진행의 상태가 과거부터 지금까지 쭉 해온 것으로 사실 아무 것도 하지 않고 오로지 그런 상태가 유지되고 있다는 것은 말이 되지 않지만 강조하고자 할 때 종종 이러한 표현을 사용한다. 즉 'Gildong is practicing very hard' 문장에서 '**be**' 동사인 '**is**'의 현재완료형인 '**has been**'을 사용한 것이다.

4.7.7 even if 문장이 사용되는 It

It 예문)

비가 온다 할지라도 우리는 여전히 갈 거야.
(직역 -> 비가 온다 할지라도 우리는 여전히 가고 있는 중이야.)
Even if it rains, we are still going.

앞의 문장	뒤의 문장
Even if it rains,	we are still going.
현재	현재진행

해설

- 'we are still going.' 문장은 현재진행형으로 직역하면 '가고 있는 중이지만 실제 진행을 하고 있지 않으면서 그렇게 말할 때는 곧 진행을 하려고 하는 예정의 표현이다.

4.7.8 when 문장이 사용되는 It

It 예문)

내일 그 사람이 오면 난 그를 안아줄 거야.
When he comes tomorrow, I will give him a hug.

앞의 문장	뒤의 문장
When he comes tomorrow,	I will give him a hug.
현재	미래

해설

- 앞의 문장은 비록 'when'의 문장이지만 가정법처럼 '만일 ~이라면'이라고 해석하고 사용한다. 이렇게 'when' 문장이 앞에 오면 가정해서 말할 때 주로 사용된다.

It 예문)

그 사람이 그녀를 찾았을 땐 그녀는 이미 다른 남자와 결혼한 상태였다.
When he found her, she had already been married to other man.

앞의 문장	뒤의 문장
When he found her,	she had already been married to other man.
과거	과거완료

해설

- 복문장에서 'when' 문장의 내용이 어떤 시간을 의미할 때는 문장의 뒤에 오는 것이 보편적이다. 영어는 복문장에서도 중요한 순으로 문장을 나열한다. 이렇게 'when' 문장이 앞에 오는 것은 보다 의미를 강조하려고 할 때이다.

It 예문)

내가 비상전화를 써야만 할 상황에서 가게 점원이 나에게 자신들의 전화를 사용하게 해 주었습니다.
When I had to make an emergency phone call, the store clerk let me use their phone.

앞의 문장	뒤의 문장
When I had to make an emergency phone call,	the store clerk let me use their phone.
과거	과거

해설

- 'let'의 과거형도 'let'이기 때문에 현재형처럼 보이지만 내용상 과거이다. 뒤 문장은 5형식으로 목적어 'me'가 목적보어 'use'를 하도록 한 것이다. 원래는 'to use'라고 해야 하지만 앞의 'let' 동사가 사역동사이므로 'to'를 생략한 것이다. 이렇게 5형식에서 혹은 문장의 중간이라도 사역동사나 'see, hear' 등과 같은 지각동사가 오면 그 뒤에 오는 동사는 'to' 없는 원형 부정사를 사용한다.

4.7.9 whenever 문장이 사용되는 It

It 예문)

내가 그에게 뭔가를 부탁할 때마다 그가 거의 안 들리게 투덜대는 소리가 들려요.
(직역 -> 내가 그에게 뭔가를 하라고 부탁할 때마다 나는 그가 숨 아래서 투덜거리고 있는 소리를 들을 수가 있어요.)
Whenever I ask him to do something I can hear him muttering under his breath.

앞의 문장	뒤의 문장
Whenever I ask him to do something,	I can hear him muttering under his breath.
현재	현재

4.7.10 wherever 문장이 사용되는 It

It 예문)

당신이 어디를 가려고 하든지 저는 당신의 길을 따를 거에요.
(직역 -> 당신이 어디든 가고 있는 중이든지, 나는 당신의 길을 가고 있을 거에요.)

Wherever you are going, I am going your way.

앞의 문장	뒤의 문장
Wherever you are going,	I am going your way.
현재진행	현재진행

※ 팝송 'Moon river' 가사 중에서

해설

- 현재진행은 종종 가까운 미래의 예정인 표현으로 사용된다. 현재진행 상황이 아니라면 곧 하려고 하는 의미로 보면 된다.

4.7.11 while 문장이 사용되는 It

It 예문)

어떤 사람이 말하고 있는 동안에는 당신은 입을 다물어야 합니다.
(직역 -> 어떤 사람이 말하고 있는 동안에는 당신은 당신의 혀를 붙잡고 있어야만 합니다.)
While someone is speaking, you should hold your tongue.

앞의 문장	뒤의 문장
While some is speaking,	you should hold your tongue.
현재진행	과거

> **해설**
>
> - 'should'는 'shall'의 과거지만 현재형으로 사용되면서 부드러운 권고나 제안의 용도로 주로 사용된다.

Chapter 5. Do - while형 복문장(선결과 후조건)

Chapter 5. Do – while형 복문장(선결과 후조건)

전달하고자 하는 문장이 먼저 나타나고 그에 따른 조건이 뒤에 따라오는 복문장. '선결과 후조건'의 문장이라고 할 수 있으며 지극히 영어식의 표현이다. 영어는 근본적으로 중요한 전달하고자 하는 내용 혹은 단어부터 차례로 나열하는 언어이다. 아마도 다른 알파벳언어도 같은 성격일 것이라고 필자는 생각한다. 그러므로 영어는 뒤에서부터 단어를 생략해도 전체적으로 내용을 전달하는 데 있어서 큰 문제가 없다. 영어라는 언어가 쉬운 이유도 전체 내용을 완벽하게 듣지 못한다고 하여도 앞의 내용으로도 일단 중요한 메시지는 전달이 되기 때문이고 어느 정도 의사가 통한다는 점이다.

영어문장의 패턴 5형식에서도 '주어', '동사'의 순으로 나열하는 것도 기본적으로는 중요하기 때문이다. 따라서 5형식을 벗어나는 단어의 나열도 사실 중요한 순인 것이다. 여기서 중요하다는 의미는 화자의 중심이 아니라 즉 말하는 사람의 입장에서 중요한 것이 아니라 청자 듣는 사람이 무엇을 궁금해 하느냐에 달려 있다는 것이다. 그래서 영어는 '청자의 언어'라고도 한다.

이러한 측면에서 'Do-While'형은 매우 영어식의 표현이고 우리말과는 여기서부터 완전히 반대의 순서라고 느껴지기 시작한다. 위에서 소개한 'Process'형이나 'If-Then'형은 우리말과 비슷한 순서이기 때문에 비교적 영작이나 번역의 이해가 쉬운 반면에 지금부터 배우는 'Do-While'형은 우리말과 반대의 순이므로 이제 본격적으로 집중해서 공부할 필요가 있다.
우리말은 순서의 언어가 아니라 '조사'의 언어이므로 단어의 끝에 붙는 어미 즉 조사에 따라 단어의 성격이 결정된다. '주어'인지, '목적어'인지 혹은 '동사'인지가 결정되는 것이다. 그러므로 조사가 단어의 성격을 결정하므로 구태여 순서를 지키지 않아도 의사 소통에는 전혀 문제가 되지 않는다.
그러나 영어는 순서를 바꾸면 단어의 품사도 바뀌고 단어의 성격도 바뀌기 때문에 전혀 의미를 파악할 수가 없다. 원어민과 대화를 할 때 단어를 우리식으로 나열해도 그 사람들이 못 알아듣는 이유가 여기에 있다.
If – then 형과 마찬가지로 접속사가 주로 많이 사용된다. 코드는 'Dw'라고 표기한다.

5.1 접속사가 없는 Dw

문장의 내용으로 보아 결과의 행동을 말하고 그 조건을 뒤에 이야기하는 것이므로 접속사나 다른 부사가 연결하지 않는다. 내용을 보면 당연히 그러한 성격의 복문장임을 알 수 있다. 사실 이러한 형태는 우리말도 마찬가지라고 볼 수 있다.

Dw 예문)

나야, 문 열어.
Open the door, it is me.

앞의 문장	뒤의 문장
Open the door,	it is me.
현재	현재

해설

- 앞의 문장은 명령문이므로 주어 'you'가 생략된 것이다.
- 이러한 문장은 사실 앞의 문장과 뒤의 문장의 순서를 바꾸어도 아무 상관이 없다.

5.2 접속사가 있는 Dw

5.2.1 because 문장이 사용된 Dw

Dw 예문)

우리는 고객의 요청을 들어주어야 합니다. 왜냐하면 그들은 항상 소중하기 때문입니다.
We have to give in to customer's request because they are always important.

앞의 문장	뒤의 문장
We have to give in to customer's request,	because they are always important.
현재	현재

Dw 예문)

그 사람들은 사건의 자세한 정보를 얻는 것이 불가능했습니다. 왜냐하면 목격자가 너무 혼란한 상태에 있습니다.
They were unable to glean the details of the incident because the witness was very upset.

앞의 문장	뒤의 문장
They were unable to glean the details of the incident,	because the witness was very upset.
과거	과거

5.2.2 cause 문장이 사용된 Dw

Dw 예문)

넌 돈이 없으니까 걱정하지 않아도 돼.
You don't have to worry cause you have no money.

앞의 문장	뒤의 문장
You don't have to worry,	cause you have no money.
현재	현재

※ 팝송 'Hard to say I am sorry' 가사 중에서

> **해설**
>
> - 'cause'는 'because'와 같은 의미이지만 해석할 때는 뒤에서부터 해석하여 '~~하니까'라고 하는 것이 자연스럽다.

5.2.3 as if 문장이 사용된 Dw

Dw 예문)

그는 마치 내가 거기에 없다는 듯이 나를 본 척을 하지 않았습니다.
He looked through me as if I wasn't there.

앞의 문장	뒤의 문장
He looked through me,	as if I wasn't there.
과거	과거

※ 팝송 'Killing me softly with his song' 가사 중에서

> **해설**
> - 'look through'는 '못 본척하다'의 의미

5.2.4 if 문장이 사용된 Dw

Dw 예문)

만일 당신이 그 상품에 대하여 만족하지 못한다면 우리는 당신의 돈을 환불할 것입니다.
We will refund your money if you are not satisfied with the product.

앞의 문장	뒤의 문장
We will refund your money,	if you are not satisfied with the product.
미래	현재

해설

- 가정법 현재의 문장으로 'if' 문장을 앞에 두어도 상관없다. 여기서는 앞의 문장을 보다 강조하기 위해 'if' 문장을 뒤에 위치한 것이다.

Dw 예문)

만일 당신이 우리의 제품에 대하여 완전히 만족하지 않는다면 당신의 돈은 되돌려 질 것입니다.
Your money will be reimbursed if you are not fully satisfied with our product.

앞의 문장	뒤의 문장
Your money will be reimbursed,	If you are not fully satisfied with our product.
미래	현재

Dw 예문)

내가 LA에 있다면 안전하고 따뜻했을 텐데.
I would be safe and warm if I was in L.A.

앞의 문장	뒤의 문장
I would be safe and warm,	if I was in L.A.
과거	과거

Dw 예문)

오늘 내가 네 컴퓨터 사용해도 괜찮아?
Is it OK with you if I use your computer today?

앞의 문장	뒤의 문장
Is it OK with you,	if I use your computer today?
현재	현재

Dw 예문)

창문을 닫아도 괜찮을까요?
Would you mind if I closed the window?
(직역 -> 만일 제가 창문을 닫았다면 당신의 마음은 싫은가요?)

앞의 문장	뒤의 문장
Would you mind,	if I close the window?
과거	과거

> **해설**
>
> - 'would'는 'will'의 과거로 직역하면 '~ 하였을 텐데'의 의미가 된다. 그러나 보다 예절 바른 현재형으로 사용된다. 특히 상대방에게 부탁을 하거나 문의할 때 사용된다.
> - 'mind'는 조건문과 함께 사용될 때 자동사의 의미로 '언짢아하다, 싫다'의 의미로 사용된다.

Dw 예문)

그 여자의 남편이 사라지게 되면 다른 누가 사냥을 할 건가?
Who else would hunt if her husband was gone?

앞의 문장	뒤의 문장
Who else would hunt	if her husband was gone?
과거	과거

해설

- 가정법 과거의 문장으로 'if' 문장을 앞에 두어도 상관없다. 여기서는 앞의 문장을 보다 강조하기 위해 'if' 문장을 뒤에 위치한 것이다.
- 우리가 영문법에서 가정법의 과거는 현재 사실의 반대라는 말을 보았을 것이다. 이 말은 우리말의 입장에서 그렇다는 뜻이지 영어가 그렇다는 말은 아니다. 영어는 엄연히 과거이다. 영어는 우리말과 달리 가정법 과거와 가정법 현재를 엄격하게 구별하여 사용하는 것이고 우리는 그렇지 않다. 그렇다 보니까 번역을 할 때는 관계가 없지만 영작을 할 때는 가정법 과거와 가정법 현재를 구별하여 영작을 하여야 한다. 우리말을 보다 세분화하여 가정법의 시제를 결정하여야 하므로 어떨 때 가정법 과거와 가정법 현재를 사용하는지 잘 보아 두어야 한다.
- 'be + gone'은 'have(has) + gone'보다 가버린 상태가 그리 오래지 않은 경우에 사용한다. 즉 '사라지다'에 가깝다.
- 'be + 현재분사' < 'be + 과거분사' < 'have + 과거분사'의 순으로 지속상태가 유지되는 시간의 길이라고 보면 된다.
즉 'be + 현재분사'는 진행형으로 지금 동작 중인 상태이고 'be + 과거분사'는 진행형보다는 지속시간이 긴 경우이며 'have + 과거분사'는 지속시간이 오래되고 있는 상태이다. 'had + 과거분사'는 지속시간이 길긴 하지만 과거에 종료된 상태이다.

5.2.5 as long as 문장이 사용된 Dw

Dw 예문)

크기만 하면 어떤 가방도 좋아요.
(직역 -> 큰 것인 이상 어떤 가방도 될 것입니다.)
Any bag will do as long as it is big.

앞의 문장	뒤의 문장
Any bag will do,	as long as it is big.
미래	현재

> **해설**
> - 일반적 조건에 해당하는 문장은 앞 뒤의 시제와 상관 없이 현재형을 사용한다.

Dw 예문)

우리가 예상했던 만큼보다 그 일은 3분의 2 밖에 걸리지 않았습니다.
That work took only two-thirds as long as we had expected.

앞의 문장	뒤의 문장
That work took only two-thirds,	as long as we had expected.
과거	과거완료

> **해설**
>
> - 흔히 뒤의 문장이 앞의 문장보다 앞선 시제이기 때문에 뒤의 문장을 과거완료 시제를 사용하였다고 설명하는 경향이 있는데 그보다는 뒤의 문장의 시제가 앞의 문장 시제보다 먼저 시작하여 그 상태가 앞의 문장의 시점까지 지속되어 온 상태이기 때문에 완료형을 사용하였다고 보는 편이 보다 정확한 표현이다.

5.2.6 as soon as 문장이 사용된 Dw

Dw 예문)

거기 도착하자마자 나한테 문자 한 줄 보내는 거 확실히 해.
Be sure to drop us a line as soon as you get there.

앞의 문장	뒤의 문장
Be sure to drop us a line,	as soon as you get there.
현재	현재

Dw 예문)

내가 할 수 있는 한 최대한 여기에 빨리 온 거야.
I got here as soon as I could.

앞의 문장	뒤의 문장
I got here,	as soon as I could.
과거	과거

> 해설
>
> - 'as soon as' 뒤에 나오는 문장은 원래 'I could get here'인데 앞의 문장과 중복한 부분을 생략한 것이다. 즉 'as soon as' 다음에는 문장이 온다.

Dw 예문)

그 여자가 돌아오자마자 바로 시작합시다.
Let's begin as soon as she comes back.

앞의 문장	뒤의 문장
Let's begin,	as soon as she comes back.
현재	현재

해설

- 'begin'은 원래 'to begin'이라고 표현해야 하지만 앞의 동사가 사역동사이므로 'to'를 생략한 것이다.

5.2.7 when 문장이 사용된 Dw

Dw 예문)

난 당신의 어깨 위에 있을 때 강합니다.
I am strong when I am on your shoulders.

앞의 문장	뒤의 문장
I am strong,	when I am on your shoulders.
현재	현재

※ 팝송 'You raise me up' 가사 중에서

Dw 예문)

내 경우에는 전날 밤에 모든 공부를 할 때가 보통 더 잘 돼.
In my case, I usually do better when I study everything the night before.

앞의 문장	뒤의 문장
I usually do better,	when I study everything the night before.
현재	현재

Dw 예문)

당신을 향한 내 사랑처럼 사랑이 영원히 푸를 때 여름에서 겨울까지 유지될 것입니다.
It will last through the summer and the winter too when love is evergreen like my love for you.

앞의 문장	뒤의 문장
It will last through the summer and the winter too,	when love is evergreen like my love for you.
현재	현재

※ 팝송 'Evergreen' 가사 중에서

Dw 예문)

거기 도착했을 때 나에게 전화 주는 거 확실히 하세요.
Be sure to give me a call when you get there.

앞의 문장	뒤의 문장
Be sure to give me a call,	when you get there.
현재	현재

해설

- 명령어이므로 주어 'you'가 생략된 것이고 현재형으로 표현한 것이다. 명령어는 과거나 미래로 표현하고 싶어도 할 수가 없으므로 당연히 현재형이다.

Dw 예문)

필요할 땐 사전을 보도록 해.
(직역 -> 네가 필요할 때는 너의 사전을 참조해라)
Consult your dictionary when you need to.

앞의 문장	뒤의 문장
Consult your dictionary,	when you need to.
현재	현재

해설

- 'need' 동사 뒤에는 종종 'to'가 붙어서 필요한 것을 확실히 하고자 할 때 사용된다. 숙어처럼 'need to'를 하나의 동사처럼 인식하는 것이 좋다. 'to' 뒤에 동사가 나온다면 그것은 부정사가 사용된 것이 아니라 동사가 아닌 '명사'로 사용된 것이다.

Dw 예문)

그가 할 수 있을 때 나한테 전화하라고 해.
Have him call me back when he can.

앞의 문장	뒤의 문장
Have him call me back,	when he can.
현재	현재

해설

- 'have'가 사역동사로 사용되어 'call'에 'to'가 붙지 않은 원형이 온 것이다. 이렇게 사역동사 뒤에 오는 동사는 'to' 없는 원형을 쓴다.
- 사역동사가 올 때는 5형식인 경우가 많다. 내용상 그럴 수 밖에 없다.

Dw 예문)

다 끝나게 되었을 때 비디오 테이프를 저에게 빌려 주시겠어요?
Will you please lend me the video-tape when you have finished it?

앞의 문장	뒤의 문장
Will you please lend me the video-tape,	when you have finished it?
미래	현재완료

5.2.8 whenever 문장이 사용된 Dw

Dw 예문)

언제든지 편안한 시간에 저에게 전화를 주세요.
Please make me a call whenever it is convenient.

앞의 문장	뒤의 문장
Please make me a call,	whenever it is convenient.
현재	현재

5.2.9 while 문장이 사용된 Dw

Dw 예문)

그가 지난 시절 오랫동안 떨어져 있는 동안 그의 아내는 그를 절대로 포기하지 않았다.
His wife never gave him up for last while he was away for a long time.

앞의 문장	뒤의 문장
His wife never gave him up for last,	while he was away for a long time.
과거	과거

Dw 예문)

길동이는 그의 친구들이 월드컵 축구에 대해서 이야기하는 동안 중립을 지키려고 애썼다.
Gildong tried to remain neutral while his friends were talking about the World Cup Soccer.

앞의 문장	뒤의 문장
Gildong tried to remain neutral,	while his friends were talking about the World Cup Soccer.
과거	과거진행

5.2.10 before 문장이 사용된 Dw

Dw 예문)

자러 가기 전에 불 끄는 거 확실히 해.
Be sure to put off all the lights before you go to bed.

앞의 문장	뒤의 문장
(You) Be sure to put off all the lights,	before you go to bed.
현재	현재

> **해설**
>
> - 앞의 문장은 'You'를 상대로 한 명령어이기 때문에 주어를 생략한 것이다.
> - 명령어는 전부 현재형으로 사용한다. 명령어를 과거나 미래 혹은 다른 어떤 시제를 말할 수 없는 것은 우리말도 마찬가지이다.

Dw 예문)

다음 눈물방울이 떨어지기 전에 제가 그리로 가겠어요.
I will be there before the next teardrops fall.

앞의 문장	뒤의 문장
I will be there,	before the next teardrops fall.
미래	현재

※ 팝송 'Before the next teardrops fall' 가사 중에서

> **해설**
>
> - 어떤 조건이나 자연 현상, 진리 등은 시제를 현재형으로 사용한다.

Dw 예문)

우리가 달까지 비행할 수 있기까지 오랜 시간이 걸리지 않을 것입니다.
(의역 -> 우리가 달까지 비행할 수 있기 전에 길지 않을 것이다.)
It won't be long before we can fly to the moon.

앞의 문장	뒤의 문장
It won' be long,	before we can fly to the moon.
미래	현재

5.2.11 after 문장이 사용된 Dw

Dw 예문)

너 열쇠를 다 사용하고 나서 어떻게 한 거야?
What did you do with my keys after you used them?

앞의 문장	뒤의 문장
What did you do with my keys,	after you used them?
과거	과거

5.2.12 till 문장이 사용된 Dw

Dw 예문)

내가 강에서 배 퀸호를 얻어 탈 때까지 난 도시의 좋은 구석이라곤 본 적이 없어.

앞의 문장	뒤의 문장
I never saw the good side of the city,	till I hitched a ride on a river boat Queen.
과거	과거

※ 팝송 'Proud Mary' 가사 중에서

5.2.13 until 문장이 사용된 Dw

Dw 예문)

난 변호사에게 말을 할 때까지 그 문제에 관한 아무 것도 하지 않을 것입니다.
I am not going to do anything about the problem until I speak to my lawyer about it.

앞의 문장	뒤의 문장
I am not going to do anything about the problem,	until I speak to my lawyer about it.
현재진행	현재

Dw 예문)

그녀는 파티가 반이 넘게나 지났지만 결국 파티의 후반부에도 오지 않았다.
She didn't turn up until the party was half over.

앞의 문장	뒤의 문장
She didn't turn up,	until the party was half over.
과거	과거

5.2.14 though 문장이 사용된 Dw

Dw 예문)

비록 그 사람은 가난하지만 그는 행복하다고 느끼고 있어.
He feels happy, though he is poor.

앞의 문장	뒤의 문장
He feels happy,	though he is poor.
현재	현재

5.2.15 whether 문장이 사용된 Dw

Dw 예문)

네가 갈 건지 말 건지는 모두 너에게 달려있어.
It is all up to you whether you'll stay or not.

앞의 문장	뒤의 문장
It is all up to you,	whether you'll stay or not.
현재	미래

5.2.16 since 문장이 사용된 Dw

Dw 예문)

주문이 없고 나서 그 이후로 그들은 외국 제품은 팔지 않는다.
They don't sell foreign products since there is no demand.

앞의 문장	뒤의 문장
They don't sell foreign products,	since there is no demand.
현재	현재

Dw 예문)

우리가 헤어지고 나서 시간이 아직도 멈춰져 버렸어요.
Time has stood still since we've been apart.

앞의 문장	뒤의 문장
Time has stood still	since we've been apart.
현재완료	현재완료

※ 팝송 'I can't stop loving you' 가사 중에서

> **해설**
>
> - 앞 뒤의 문장 모두 현재완료형을 사용한 것은 그 상태가 과거에서 지금까지 지속되고 있기 때문이다. 쉽게 생각해서 우리말로 할 때 과거도 되고 현재도 되는 것은 현재완료라고 보면 된다.

5.2.17 than 문장이 사용된 Dw

Dw 예문)

내가 알게 될 것보다 더 많은 걸 그들은 배우게 될 거에요.
They will learn much more than I'll ever know.

앞의 문장	뒤의 문장
They will learn much more	than I'll ever know.
미래	미래

※ 팝송 'What a wonderful world' 가사 중에서

Chapter 6. Attach형 복문장

Chapter 6. Attach형 복문장

 명사나 형용사 등을 설명하기 위해 그 단어의 뒤에 바로 따라오는 복문장으로 소위 문법에서 말하는 '관계대명사'가 주로 많이 사용된다. 우리말에는 관계대명사가 없기 때문에 다소 어려워 보이지만 사실 의문문을 2개 나란히 연결해 놓았다고 생각하면 매우 간단히 이해될 수 있다.

이러한 단어의 나열하는 순서는 마치 5형식에서 '목적어 + 목적보어'의 형태와 유사하다. 즉 5형식이 아니더라도 문장의 중간에 어떤 단어를 설명하기 위해서는 그 단어 바로 뒤에 단어를 나열하면 되는 것이다. 바로 뒤에 오는 단어의 형태는 명사, 형용사, 부사, 부정사, 동명사, 현재분사 어떤 단어의 형태도 올 수 있다. Attach형의 복문장은 바로 이 때에 단어의 자리에 문장이 위치한 것이다. 그러니까 그 단어의 뒤에 일단 관계대명사를 채워 보어의 성격으로 하고 그 관계대명사를 매개로 하여 그 뒤에 문장이 오는 것이다.

이렇게 어떤 단어의 뒤에 나타나서 그 단어를 구체적으로 설명하기 위한 복문장의 형태를 'Attach (첨가)'형이라고 하며 코드는 'At'라고 표기하기로 한다.

6.1 복문장을 이어주는 단어가 없는 At
 (code ; At)

At 예문)

난 그 사람이 즐겼을 거라고 확신해요.
I am sure he would have enjoyed.

문장	시제
I am sure	현재
(sure) -> he would have enjoyed.	가정법 과거완료
형용사 'sure'를 설명 – 그가 즐겼을 거라는 확실한	

> **해설**
>
> - 뒤의 문장은 앞의 형용사 'sure'를 문장으로 설명하는 것이다.
> - 뒤의 문장은 현재완료의 형태지만 조동사 'will'의 과거 'would'를 사용하였기 때문에 전체 시제는 과거가 되는 것이고 과거에서 미래를 가정하여 말하는 내용이기 때문에 '가정법 과거완료'라고 한다. 대개는 앞의 문장이 'if'로 시작되는 경우가 많다.

At 예문)

그는 그가 좋아하는 유명한 연극에서 재미있는 이야기를 빌려오고 또 역시 슬픈 이야기도 빌려왔습니다.
He borrowed funny stories from famous plays he liked, and sad stories, too.

문장	시제
He borrowed funny stories from famous plays(1-1) and sad stories, too.	과거
(1-1) plays -> he liked 'plays'를 설명 – 그가 좋아했던	과거

해설

- 'sad stories' 다음에 comma ','가 있고 뒤에 'too'가 뒤따라 나오기 때문에 여기서 말하는 'too 역시'는 '그가 좋아한 유명한 연극에서'라는 말을 의미하는 것이다.

At 예문)

난 당신을 알게 된 날을 축복합니다.
I bless the day I found you.

문장	시제
I bless the day	현재
(the day) -> I found you.	과거
the day -> 내가 당신을 발견한 날	

※ 팝송 'Let it be me' 가사 중에서

At 예문)

그 여자가 날 부르는 소리가 들립니다.
I hear her voice she calls me.

문장	시제
I hear her voice	현재
(voice) -> she calls me.	현재
voice -> 그녀가 날 부르는 소리	

※ 팝송 'Hotel California' 가사 중에서

At 예문)

난 내가 전에 있던 장소로 되돌아 가는 길을 찾아야만 했어.
I had to find the passage back to the place I was before.

문장	시제
I had to find the passage back to the place	과거
(the place) -> I was before.	과거
the place -> 내가 전에 있었던 장소	

※ 팝송 'Hotel California' 가사 중에서

At 예문)

난 이 밤과 당신이 떠날 때의 그 얼굴을 잊을 수가 없어.
I can't forget this evening or your face as you were leaving.

문장	시제
I can't forget this evening or your face	현재
(your face) -> as you were leaving.	과거진행
your face -> 당신이 떠나고 있는 중일 때의 얼굴	

※ 팝송 'Without you' 가사 중에서

> **해설**
>
> - 뒤의 문장은 앞의 형용사 'sure'를 문장으로 설명한 것이다.

At 예문)

길 아래로 차를 몰면서 난 지난 날 집에 있어야만 했어'라는 기분이 생겨. Driving down the road I get a feeling I should have been home yesterday.

문장	시제
Driving down the road I get a feeling	현재
(a feeling) -> I should have been home yesterday.	가정법 과거완료
a feeling -> 내가 지난날 집에 있었어야만 했던 느낌	

※ 팝송 'Take me home country road' 가사 중에서

해설

- 여기서 'yesterday'는 어제가 아닌 과거를 은유적으로 표현한 것이다.

At 예문)

당신은 언제든지 나가고 싶을 때 나갈 수 있습니다.
You can check out anytime you like.

문장	시제
You can check out anytime you like	현재
(anytime) -> you like.	현재
anytime -> 당신이 좋아하는 어떤 시간	

※ 팝송 'Hotel California' 가사 중에서

At 예문)

당신의 사랑은 내가 필요로 하는 유일한 사랑입니다.
Your love is the only love I need.

문장	시제
Your love is the only love	현재
(love) -> I need	현재
love -> 내가 필요로 하는 사랑	

※ 팝송 'Lady' 가사 중에서

At 예문)

하루에 약을 2 알씩 3번 드시는 것 확실히 하셔야 해요.
Make sure you take two pills three times a day.

문장	시제
Make sure	현재
(sure) -> you take two pills three times a day.	현재
sure -> 하루에 세 번 2개의 약을 드시는 것을 확실하게	

해설
- 앞 문장은 명령문이므로 주어 'you'가 생략된 것이다.

At 예문)

지난 주에 네가 찍은 사진을 보게 해줘.
Let me see the photograph you took last week.

문장	시제
Let me see the photograph	현재
(the photograph) -> you took last week.	과거
the photograph -> 네가 지난 주에 찍은 사진	

해설

- 앞 문장은 명령문(간접명령문)이므로 주어 'you'가 생략된 것이다.
- 본동사 'let'이 사역동사이므로 'to see'에서 'to'를 생략한 것이다.

At 예문)

그 사람들이 가져온 새 복사기 봤어?
Did you see the new copier they brought in?

문장	시제
Did you see the new copier	과거
(the new copier) -> they brought in?	과거
the new copier -> 그들이 가져온 새 복사기	

203

At 예문)

이번 겨울은 우리가 겪었던 지난 10년 중에서 가장 추워.
(의역 -> 이것은 우리가 10년 동안 중에서 가장 추운 겨울이야.)
This is the coldest winter we have had in ten years.

문장	시제
This is the coldest winter	현재
(the coldest winter) -> we have had in ten years.	현재완료
The coldest winter -> 우리가 10년 동안에 가졌던	

At 예문)

여긴 내가 본 것 중 가장 낭만적인 광경이야.
This is the most romantic view I've ever seen.

문장	시제
This is the most romantic view	현재
(the most romantic view) -> I've ever seen.	현재완료
the most romantic view -> 내가 본 적이 있는	

At 예문)

봉급을 올려주어야 할 때가 되었어요.
(직역 -> 봉급을 올려준 상태의 시간입니다.)
It is time I got a raise.

문장	시제
It is time	현재
(time) -> I got a raise.	과거
time -> 봉급을 올려주었을 시간	

해설

- 이 문장은 넓은 의미의 가정법으로 뒤에 오는 문장을 과거로 하고 앞 문장을 현재형으로 사용하였다. 예를 들면

'It is time you should go to bed'

이렇게 하면 '이미 침대로 가야 했어야만 할 시간이야'가 직역이지만 '가서 자야 할 시간이야'의 의미로 사용한다.

At 예문)

저기 내가 올라가서 놀곤 하던 오래된 참나무가 있네요.
(직역 -> 봉급을 올려준 상태의 시간입니다.)
There is that old oak tree I used to play on.

문장	시제
There is that old oak tree	현재
(tree) -> I used to play on.	과거
tree -> 내가 위에서 놀곤 하던	

※ 팝송 'Green green grass of home' 가사 중에서

At 예문)

그 커피숍은 우리가 예전에 갔던 데 보다 더 좋은 곳이네요.
The coffee shop is far nicer than the one we went to the other day.

문장	시제
The coffee shop is far nicer than the one	현재
(the one) -> we went to the other day.	과거
the one -> 우리가 다른 날 갔던	

.

> 해설
>
> - 'nice'보다 더 좋은 의미는 'nicer'이고 이를 강조하는 것은 'much' 혹은 'far'를 사용한다.

At 예문)

우리가 매일 사용하는 수 백 개의 단어와 문구들이 그에 의해서 발명되었다.
Hundreds of words and phrases we use every day were invented by him.

문장	시제
Hundreds of words and phrases (1-1) were invented by him.	현재
(1-1) we use every day.	과거
(1-1) -> 우리가 매일 사용하는	

.

> **해설**
> - 'we use every day'의 의미는 오늘날 현재를 의미하므로 현재형이다. 동시에 일반적 사실이나 진리, 현상 등은 현재형으로 사용한다.
> - 'use'의 목적어는 앞에 나온 'hundreds of words and phrases'이다.

6.2 that으로 연결되는 At

At 예문)

아침 햇살과 시간이 빼앗아 갈 수 없는 이 사랑을 나누고 있는 모든 밤들도 당신 덕분입니다.
I owe you the sunlight in the morning and nights of all this loving that time can't take away.

문장	시제
I owe you the sunlight in the morning and nights of all this loving	현재
that time can't take away.	현재

that -> loving

※ 팝송 'I owe you' 가사 중에서

해설

- 'loving'은 현재분사의 의미로 사용된 것으로 직역을 하면 '이 사랑을 나누고 있는'
- 'take away'의 목적어가 없는 이유는 'that'을 의미하기 때문이다. 즉 'loving'을 의미

At 예문)

나는 그가 농담을 했다는데 조금의 의심도 없어.
(직역 -> 나는 그가 농담을 의미한 거라는데 가장 작은 의심을 가지고 있지 않았어.)
I didn't have the least doubt that he meant for a joke.

문장	시제
I didn't have the least doubt	과거
that he meant for a joke.	과거
that -> the least doubt	

At 예문)

부상자들 돌보는 것을 확실히 하세요.
Make sure that the injured are properly taken care of.

문장	시제
Make sure	현재
that the injured are properly take care of.	현재
that -> sure	

At 예문)
당신은 나를 높은 받침대 위에 올려 놓았지요, 너무 높아서 나는 거의 영원까지 볼 수 있었습니다.
You put me high upon a pedestal so high that I could almost see eternity.

문장	시제
You put me high upon a pedestal so high	과거
that I could almost see eternity.	과거

that -> high

※ 팝송 'You needed me' 가사 중에서

해설

- 흔히 'so ~ that' 용법이라고 하여 '너무나 ~ 해서 ~ 하다'라고 많이 쓰여 있다. 직역을 해서 번역을 해도 같은 의미가 된다.

At 예문)
그는 절대 늦지 않을 거라고 나에게 약속을 했다.
He gave me his word that he would never be late.

문장	시제
He gave me his word	과거
that he would never be late.	과거

that -> his word

해설

- 'word'는 약속이라는 의미도 있다.

At 예문)

비록 오래 되었지만 우리가 한 때 알았던 그런 행복했던 시간들이 여전히 나를 우울하게 하네.
Those happy hours that we once knew, though long ago still make me blue.

문장	시제
Those happy hours(that) still make me blue.	현재
that we once knew, though long ago	과거
that -> those happy hours	

※ 팝송 'I can't stop loving you' 가사 중에서

At 예문)

내가 지금 느끼고 있는 행복은 말로 형언할 수 없는 것이에요.
The happiness that I am feeling is beyond description.

문장	시제
The happiness(that) is beyond description.	현재
that I am feeling	현재진행
that -> the happiness	

해설

- 전체 문장의 시제와 'the happiness'를 설명하는 문장의 시제가 다르다.
- 현재진행형으로 표현되고 있는 'am feeling'의 목적어는 'that'이다. 즉 'the happiness'가 된다.

At 예문)

길동이한테 유모감각이 없다니 안됐어.
It is pity that Gildong has no sense of humor.

문장	시제
It is pity	현재
that Gildong has no sense of humor.	현재
that -> pity	

At 예문)

우리가 회의 장소에 도착했을 때가 7시였어.
It was at 7 o'clock that we got to the meeting place.

문장	시제
It was at 7 o'clock	과거
that we got to the meeting place.	과거
that -> 7 o'clock	

At 예문)

어린이들한테 긴급 상황에서 전화번호가 있다는 것은 중요합니다.
It is important that the children be given phone numbers in case of emergency.

문장	시제
It is important	현재
that the children be given phone numbers in case of emergency.	현재
that -> important	

At 예문)

우산 없이는 거의 걸을 수가 없을 정도로 비가 많이 왔다.
It rained so hard that I could hardly walk without my umbrella.

문장	시제
It rained so hard	과거
that I could hardly walk without my umbrella.	과거
that -> hard	

At 예문)

그 여자에게는 친구라고 부르는 예쁜 소년들이 많이 있어요.
She has got a lot of pretty boys that she calls friends.

문장	시제
She has got a lot of pretty boys	과거
that she calls friends.	과거
that -> pretty boys.	

※ 팝송 'Hotel California' 가사 중에서

해설

- 뒤의 문장은 원래 'she calls friends pretty boys'이다. '그 여자는 친구들을 예쁜 소년들이라고 부른다'의 뜻이다. 즉 5형식 문장인데 'that'이 앞에 있는 문장의 'pretty boys'를 이미 의미하기 때문에 뒤에서는 이 부분을 생략한 것이다.

6.3 what으로 연결되는 At

At 예문)

단지 내가 원하는 노란 리본만이 나를 자유롭게 합니다..
Simple yellow ribbons what I need to set me free.

문장	시제
Simple yellow ribbons (what) set me free.	현재
what I need to	현재
ribbons -> what	

※ 팝송 'Tie a yellow ribbon around ole oak tree' 가사 중에서

At 예문)

우리 할아버지 말씀에는 뭔가가 있어요.
There is something what my grandfather says.

문장	시제
There is something (what)	현재
what my grandfather says.	현재
something -> what	

6.4 who로 연결되는 At

At 예문)

난 그 여자가 키가 크지만 너무 크지 않다고 생각해요.
I guess a girl who is tall, but not too tall.

문장	시제
I guess a girl	현재
who is tall, but not too tall.	현재
a girl -> who	

At 예문)

저는 이 세상의 기쁨과 자기의 인생을 주었을 그런 한 남자입니다.
I am a man who would give his live and the joy of this world.

문장	시제
I am a man	현재
who would give his live and the joy of this world.	과거
a man -> who	

※ 팝송 'All for the love of a girl' 가사 중에서

해설

- 두 번째 문장의 주어는 'who' 자체이다.

At 예문)

캐나다 사는 내 친구가 내일 들를 거에요.
My friend who lives in Canada comes over tomorrow.

문장	시제
My friend(who) comes over tomorrow.	현재
who lives in Canada	현재
My friend -> who	

At 예문)

노래를 부르고 트럼펫을 연주했던 아프리칸 아메리칸(흑인) 재즈 연주자 '루이 암스트롱'이 전 세계의 청취자들에게 재즈를 소개합니다.
Louis Amstrong an African-American jazz musician who played the trumpet and sang vocals, introduces jazz to listeners around the world.

문장	시제
Louis Amstrong an African-American jazz musician (who) introduces jazz to listeners around the world.	현재
who played the trumpet and sang vocals	과거
an African-American jazz musician -> who	

At 예문)
누구 질문 있는 사람 있어요?
Is there anyone who has questions?

문장	시제
Is there anyone (who)	현재
who has questions?	현재

anyone -> who

> **해설**
> - 두 번째 문장의 주어는 'who' 자체이다.

At 예문)
잡종개들이 팽전 한푼 없는 당신 같은 사람이 땅에서 뭐 먹을 거나 없을까 하고 킁킁거리고 다닌다고.
(직역-> 잡종개들이 1개의 페니(미국의 화폐단위 중 가장 낮은)가 없는 상태로 있는 당신처럼 땅에서 먹을 것을 위해 코를 킁킁 거리고 다니고 있다고.)
Mongrels are sniffing for tidbits like you on the ground who has not got a penny.

문장	시제
Mongrels are sniffing for tidbits like you on the ground	현재진행
who has not got a penny.	현재완료

you -> who

※ 팝송 'Boxer' 가사 중에서

> **해설**
> - 두 번째 문장에서 현재완료 시제를 사용한 것은 그 동안 쭉 돈이 없는 상태를 표현한 것이다.
> - 두 번째 문장의 주어는 'who' 자체이며 즉 'you'를 의미한다.

At 예문)

미국이 아닌 다른 나라 국적의 모든 여행객들은 미국에 도착하기 전에 입국신고서를 작성해야만 합니다.
All passengers who are nationals of countries other than the United States must complete an Immigration Form before arrival in the U.S.

문장	시제
All passengers (who) must complete an Immigration Form before arrival in the U.S.	현재
who are nationals of countries other than the United States	현재
All passengers -> who	

> **해설**
>
> - 두 번째 문장의 주어는 'who' 자체이다. 의미상으로는 앞에 있는 'all passengers'가 복수이므로 'who' 다음에 'are'가 온 것이다.

At 예문)

유명한 미국인들에 관한 책의 4분의 3은 적어도 19세기에 살았던 사람에 관한 것이다.
At least three-quarters of that book on famous Americans is about people who lived in the nineteenth century.

문장	시제
At least three-quarters of that book on famous Americans is about people (who)	현재
who lived in the nineteenth century.	과거
people -> who	

6.5 where로 연결되는 At

At 예문)

난 내가 전에 있었던 곳으로 돌아가는 길을 찾아야만 했어요.
I had to find the passage back to where I was before.

문장	시제
I had to find the passage back to	과거
where I was before.	과거
the passage -> where	

※ 팝송 'Hotel California' 가사 중에서

At 예문)

그는 카페가 있는 코너에 차를 주차 시켰다.
He parked his car at the corner where the café is.

문장	시제
He parked his car at the corner	과거
where the café is.	과거
the corner -> where	

221

At 예문)

원시 시대의 사람들은 여가를 목적으로 여행을 한 것이 아니라 이웃의 적들로부터 피하거나 혹은 자기들의 가축들이 먹을 수 있는 곳을 위해 새로운 곳을 찾으려고 한 것이다.
In primitive times people did not travel for pleasure but to find new places where their herds could feed or to escape from hostile neighbors.

문장	시제
In primitive times people did not travel for pleasure but to find new places (where) or to escape from hostile neighbors.	과거
where their herds could feed.	과거
new places -> where	

6.6 which로 연결되는 At

At 예문)

거의 완벽한 그녀의 발음은 이해하기가 쉬워.
Her pronunciation which is almost perfect, is easy to understand.

문장	시제
Her pronunciation (which) is easy to understand.	현재
which is almost perfect	현재
Her pronunciation -> which	

At 예문)

태평양과 남아메리카 사이에 위치한 많은 국가들은 많은 산이 있습니다.
Many countries which are located in South America and on the Pacific Ocean have many mountains.

문장	시제
Many countries (which) have many mountains.	현재
which are located in South American and on the Pacific ocean have many mountains.	현재
Many countries -> which	

At 예문)
말레이시아의 수도인 쿠알라룸푸르는 남아시아에서 주요 무역 중심지입니다.
Kuala Lumpur, which is the capital city of Malaysia is a major trade center in Southeast Asia.

문장	시제
Kuala Lumpur is a major trade center in Southeast Asia.	현재
which is the capital city of Malaysia	현재
Kuala Lumpur -> which	

At 예문)
미숙련 노동자들의 대규모 집단을 갖은 나라들은 노동집약적인 생산품들을 숙련되고 고임금 집단을 갖은 나라들보다 저렴하게 생산할 수 있다.
Countries with a large pool of unskilled laborers are able to produce products which are labor intensive more cheaply than countries with highly paid, skilled labor forces.

문장	시제
Countries with a large pool of unskilled laborers are able to produce products (which) cheaply than countries with highly paid, skilled labor forces.	현재
which are labor intensive	현재
products -> which	

At 예문)

아직 명백한 어떠한 증거도 존재하지 않는 비행접시는 여전히 우리의 상상력을 흥분시키고 있다.
Flying saucers for which there has never been any material evidence still excite our imaginations.

문장	시제
Flying saucers (for which) still excite our imaginations.	현재
for which there has never been any material evidence	현재완료
Flying saucers -> for which	

해설

- 두 번째 문장에서 현재완료 시제를 사
- 'which' 앞에 'for'가 붙어 있는 이유는 다음과 같이 원래의 문장으로 생각하면 이해하기가 편하다. 원래의 문장은

'There has never been any material evidence for flying saucers.'
이다. 따라서 이 문장은
'Flying saucers which there has never been any material evidence for'
라고 해도 된다.
그러나 영어라는 언어의 특징이 앞에서부터 중요한 의미(듣는 사람에게 의사가 전달된다는 관점에서)대로 전달하는 것이므로 'for which'라고 하는 것이 보다 명확한 'for flying saucers'의 의미를 갖는 것이다.

225

Chapter 7. 본동사가 아닌 타동사의 목적어로 사용된 복문장

Chapter 7. 본동사가 아닌 타동사의 목적어로 사용된 복문장

문장의 맨 앞 주어 다음에 오는 본동사가 아닌 부정사, 동명사, 현재분사 등이 올 때 이 동사가 타동사라면 당연히 목적어를 요구하게 된다. 이 때 목적어 대신 문장이 오는 경우이다. Code는 'Vo'라고 표기한다.

7.1 부정사가 필요로 하는 목적어 대신 온 Vo

7.1.1 to 부정사 다음에 직접 문장이 온 Vo

Vo 예문)

네가 좋은 걸 보니까 기뻐.
I am glad to see you are fine.

앞의 문장	뒤의 문장
I am glad to see	you are fine.
현재	현재

해설

- 뒤의 문장은 'to see'의 목적어로 단어 대신 문장으로 온 것이다. 'see'가 타동사이기 때문에 목적어가 없으면 말이 되지 않는다.

Vo 예문)

'미안하다'라고 말하는 것은 나에게는 어려워.
It is hard for me to say "I am sorry".

앞의 문장	뒤의 문장
It is hard for me to say	I am sorry.
현재	현재

※ 팝송 'Hard to say I am sorry' 가사 중에서

> **해설**
>
> - 뒤의 문장은 'to say'의 목적어로 단어 대신 문장이 온 것이다.

Vo 예문)

그 긴 겨울이 지난 후 많은 에너지를 다시 갖게 되는 느낌이 드는 게 좋아.
After that long winter, it is nice to feel like I have a lot of energy again.

앞의 문장	뒤의 문장
It is nice to feel	like I have a lot of energy again.
현재	현재

> **해설**
>
> - 뒤의 문장은 'to feel'의 목적어로 단어 대신 온 것이다.
> - 'like'는 부사로 사용되어 뒤 문장 전체를 명사처럼 강조한 것이다.

Vo 예문)

추억이 위에 있는 별들에게 '내 사랑이여 나를 잊지 말아주오'라는 말을 하려고 내 마음 속에 있어요.
In my heart lies a memory to tell the stars above 'don't forget to remember me my love'.
(팝송 'Don't forget to remember me' 중에서)

	문장	시제
앞의 문장	In my heart lies a memory to tell the stars above (1-1)	현재
1-1	'don't forget to remember me, my love'.	현재

※ 팝송 'Don't forget to remember' 가사 중에서

해설

- 'In my heart lies a memory' 여기까지는 도치형의 문장이다. 원래는 'A memory lies in my heart'라고 되어 있는 문장이다. 문장의 도치에도 원칙이 있는데 '부사 + 동사 + 주어'의 순으로 한다. 여기서는 부사 대신에 부사구가 온 것이다.
- 'tell'은 동사의 성격상 2개의 목적어가 오는 경우가 대부분이다. 즉 '~에게 ~을 말하다'에서와 같이 목적어가 차례로 오는 것이다. 여기서는 목적어2, 4형식으로 본다면 직접목적어 자리에 1-1 문장이 온 것이다. 그러므로 구태여 이름을 붙인다면 '직접목적어절'이라고도 할 수 있겠다.

7.1.2 to 부정사 다음에 that 문장이 온 Vo

Vo 예문)

그녀가 잘못이라고 말하는 데는 용기가 필요합니다.
It takes courage to say that she is wrong.

앞의 문장	뒤의 문장
It takes courage to say that	she is wrong.
현재	현재

해설

- 뒤의 문장은 'to say'의 목적어로 'that' 이하 문장이 온 것이다. 이 경우 일단 'say'의 목적어로 'that'이 온 것이고 뒤의 문장은 'that'을 설명하는 말이라고 볼 수도 있다. 의미상으로는 위에 'that'이 없는 문장과 아무런 차이가 없다. 즉 'that'을 생략하고도 사용할 수 있다는 뜻이지만 보다 뒤의 문장을 구분하고 명확하게 하기 위해서 'that'을 붙이는 것이다.

Vo 예문)

길동이는 그가 반에서 다른 누구보다 똑똑하다고 생각하는 경향이 있어.
Gildong is apt to think that he is smarter than anybody else in the class.

앞의 문장	뒤의 문장
Gildong is apt to think that	he is smarter than anybody else in the class.
현재	현재

Vo 예문)

그가 머리 속에 관악, 목관악, 현악의 각각 다른 파트의 연주음들을 들을 수 있다는 것을 생각해보면 놀라운 일이다.
It is amazing to think that he could hear all the different parts – strings, wood winds, brass -, in his head.

앞의 문장	뒤의 문장
It is amazing to think that	he could hear all the different parts – strings, wood winds, brass -, in his head.
현재	과거

7.1.3 to 부정사 다음에 what 문장이 온 Vo

Vo 예문)

난 네가 어제 밤에 뭘 했는지 알고 싶지 않아.
I don't want to know what you did last night.

앞의 문장	뒤의 문장
I don't want to know	what you did last night.
현재	과거

Vo 예문)

그녀가 무엇을 원하는지 네가 알게 해 줄께.
I will let you know what she wants.

앞의 문장	뒤의 문장
I will let you know	what she wants.
미래	현재

해설

- 뒤의 문장은 'know'의 목적어로 뒤의 문장이 온 것이다. 원래는 'to know'라고 해야 하지만 앞의 단어 'let'이 사역동사이므로 'to'를 생략한 것이다.

Vo 예문)

난 이제 무엇이 내 것이고 무엇이 내 것이 아닌지 알게 되었어요.
Now I've got to know what is mine and not mine.

앞의 문장	뒤의 문장
I have got to know	what is mine and not mine.
현재완료	현재

※ 팝송 'Tie a yellow ribbon round ole oak tree' 가사 중에서

Vo 예문)

아이들이 그 다음으로 좋아할 만한 것을 알아내야만 합니다.
We need to figure out what the next big thing for kids is going to be.

앞의 문장	뒤의 문장
We need to figure out	what the next big thing for kid is going to be.
현재	현재진행

7.1.4 to 부정사 다음에 why 문장이 온 Vo

Vo 예문)

여기까지 오는데 그가 왜 그렇게 오래 걸렸는지 제가 당신께 말해 드리겠습니다..
Let me tell you why it took so long for him to arrive here.

앞의 문장	뒤의 문장
Let me tell you	why it took so long for him to arrive here.
현재	과거

해설

- 앞의 문장은 주어 'you'가 생략된 5형식 문장으로 뒤에 나오는 동사는 'to tell'이 되어야 하지만 본동사 'let'이 사역동사이므로 'to'가 생략된 것이다.
- 'to tell'은 동사의 성격상 '누구에게 ~을 말하다'의 뜻으로 진행이 된다. 그러니까 여기서는 '너에게' '~을 말하다'에서 '~' 대신 문장이 온 것이다.

7.1.5 to 부정사 다음에 if 문장이 온 Vo

Vo 예문)

이 이야기들 중 사실이 있는 지 알 방법들이 없습니다.
There is no ways to know if any of these stories is true.

앞의 문장	뒤의 문장
There is no ways to know	if any of these stories is true.
현재	현재

해설

- 'no ways'가 복수임에도 불구하고 동사 'is'를 사용한 것은 틀린 것이 아니다. 우리가 보통 'There are many ways.'와 같이 보어에 복수가 오면 'are' 복수형을 사용하는데 원칙은 주어가 단수이면 'is', 복수이면 'are'를 사용하는 것이다. 그러므로 'there'는 엄연히 단수 취급을 하므로 'is'를 써야 하는 것이다. 그런데 어쩐 일이지 모르지만 'there'를 사용할 때 보어에 복수가 오면 'are'를 많이 사용한다. 원칙은 'is'가 맞는 것이고 틀린 것이 아니다.

7.2 동명사가 필요로 하는 목적어 대신 온 Vo

Vo 예문)

난 내 자신에게 그것은 사실이라고 계속 말하고 있어.
I keep telling myself that it is true.

앞의 문장	뒤의 문장
I keep telling myself	that is true.
현재	현재

※ 팝송 'Don't forget to remember' 가사 중에서

> **해설**
>
> - 뒤의 문장은 'telling'의 2 번째 목적어로 온 것이다. 'tell' 동사는 성격상 2개의 목적어를 필요로 할 때가 많다. 즉 '~에게', '~을' 말하다' 이러한 형태의 기본형이 4형식이고 'tell' 동사는 4형식처럼 문장의 중간에 와도 이러한 목적어를 갖게 되는 것이다.

7.3 현재분사가 필요로 하는 목적어 대신 온 Vo

Vo 예문)

시민전쟁에 관한 책은 주요 전투가 발생한 곳을 보여주는 지도를 부록으로 포함하고 있습니다.
The book on the Civil War included on appendix of maps showing where the major battles occurred.

앞의 문장	뒤의 문장
The book included on appendix of maps showing	where the major battles occurred.
과거	과거

해설

- 앞의 문장에서 주어는 'the book'이고 동사는 'included'이며 '보여주고 있는 중인'의 의미를 갖은 'showing'의 목적어 대신 뒤의 문장이 온 것이다.

Vo 예문)

새로운 대통령은 모든 사람들의 지지를 갖고 있다는 것을 알면서 미래에 관한 자신감을 느꼈다.
The new president felt confident about the future knowing that he had the support of all the people.

앞의 문장	뒤의 문장
The new president felt confident about the future knowing	that he had the support of all the people.
과거	과거

Vo 예문)

그녀는 충성심이야말로 가장 비싼 보석보다 더 한 것이라는 말을 하면서 영국인들에게 그녀의 사랑을 선언하였다.
She declared her love for the English people, saying that their loyalty meant more than the most expensive jewels.

앞의 문장	뒤의 문장
She declared her love for the English people, saying that	their loyalty meant more than the most expensive jewels.
과거	과거

해설

- 앞의 문장에서 'saying'의 목적어로 that이 왔으며 그 이하의 문장은 'that'을 설명한 것이다. 이러한 경우 2개의 문장을 이어주는 역할을 'that'이 하였으므로 관계대명사라고 한다.

Chapter 8. 전치사로 인해 발생한 목적어 대신 온 문장

Chapter 8. 전치사로 인해 발생한 목적어 대신 온 문장

동사와 함께 사용되는 전치사는 동사의 동작을 구체화 시키게 되는데 이 때 전치사로 인해 단어가 필요해지게 될 때가 많다. 이러한 경우를 문법에서는 '전치사의 목적어'라고 한다. 이 때 이 목적어 대신 문장이 온 경우이다. code로는 Preposition for object를 약어로 하여 'Po'라고 표기한다.

8.1 전치사 with의 목적어로 문장이 온 Po

Po 예문)

그들은 쉽게 우승을 하였다는 사실로 깜짝 놀라게 되었다.
They were astonished at the ease with they won the championship.

본 문장	They were astonished at the ease with (1-1)	과거
(1-1)	they won the championship.	과거

해설

- 뒤의 문장은 전치사 'with' 때문에 발생하게 된 문장이다. 이런 경우 만일 뒤의 문장이 단어라면 'with'가 필요로 하는 목적어가 되는 것이고 이것을 '전치사의 목적어'라고 한다. 그러니까 여기서는 그 전치사의 목적어 대신 문장으로 왔기 때문에 구태여 말하자면 '전치사의 목적절'이라고 할 수도 있겠다.

8.2 전치사 by의 목적어로 문장이 온 Po

Po 예문)

엄마는 무언가 그 때 일어난 일로 인해 너무나 놀랐어요.
My mom was really surprised by what happened then.

본 문장	My mom was really surprised by (1-1)	과거
(1-1)	what happened then.	과거

해설

- 뒤의 문장은 전치사 'by' 때문에 발생하게 된 문장이다. 이런 경우 만일 뒤의 문장이 단어라면 'by'가 필요로 하는 목적어가 되는 것이고 이것을 '전치사의 목적어'라고 한다. 그러니까 여기서는 그 전치사의 목적어 대신 문장으로 왔기 때문에 구태여 말하자면 '전치사의 목적절'이라고 할 수도 있겠다.

8.3 전치사 for의 목적어로 문장이 온 Po

Po 예문)

네가 그 프로젝트에서 문제를 해결하려고 할 때 이것이 좋은 해결책이 될 거야.
This will be very good solution for when you are solving the problem on the project.

본 문장	This will be very good solution for (1-1)	미래
(1-1)	when you are solving the problem on your project.	현재 진행

해설

- 뒤의 문장은 전치사 'for' 때문에 발생하게 된 문장이다.
- 'when' 문장은 논리적으로 보면 현재진행은 말이 되지 않는다. 현재진행인데 무슨 'when'이라는 의문이 필요 없기 때문이다. 이럴 때는 금방 다가올 미래의 의미로 말한다. 'be going to'도 직역하면 '~ 하려고 해'가 되는 것과 마찬가지이다. 이 경우도 직역하면 '~ 하려고 가는 중이다'가 된다. 과거진행형으로 사용되었을 경우도 같이 의미로 종종 사용된다.

8.4 전치사 to의 목적어로 문장이 온 Po

Po 예문)

내 친구들과 난 선생님이 그 때 왜 떠나셨는 지에 관해서 몰랐어.
My friends and I didn't know as to why our English teacher was leaving.

본 문장	My friends and I didn't know as to (1-1)	과거
(1-1)	why our English teacher was leaving.	과거진행

> **해설**
>
> - 뒤의 문장은 전치사 'to' 때문에 발생하게 된 문장이다. 흔히 'as to'를 묶어서 '~에 관해서'라고 숙어처럼 나와 있다. 직역을 하면 'as to'는 '~에 대하여 만큼은 정도가 될 수 있지만 워낙 'as'의 사용범위가 광범위 하여 우리말로 단정지어 설명하기 힘든 단어이다. 책 읽기를 많이 해서 어떨 때 사용하는 지를 아는 것이 보다 더 현명하다.
> - 뒤의 문장을 과거진행 시제로 사용한 것은 당시 '떠나고 있는 중인' 상황일 것으로 판단하여 썼을 것이다. 이처럼 영어는 우리말과 달라서 매우 세밀하고 정확하게 시제를 표현하는 경향이 강하다. 그러니까 정확히 해석을 하면 '선생님이 왜 떠나고 있으신지 ~~~' 쯤 해당한다고 볼 수 있다.

8.5 전치사 in의 목적어로 문장이 온 Po

Po 예문)

나는 우리집을 어떻게 아름답고 빨리 설계하는지에 있어서 선택권을 갖고 있어.
I have a choice in how I design my house.

본 문장	I have a choice in (1-1)	현재
(1-1)	how beautiful and fast I design my house.	현재

해설

- 뒤의 문장은 전치사 'in' 때문에 발생하게 된 문장이다.

8.6 전치사 of의 목적어로 문장이 온 Po

Po 예문)

우리는 계획했던 상태보다 앞서 있었다.
We were ahead of where we had planned to be.

| 본 문장 | We were ahead of (1-1) | 과거 |
| (1-1) | where we had planned to be. | 과거완료 |

해설

- 뒤의 문장은 전치사 'of' 때문에 발생하게 된 문장이다.

Po 예문)

각각의 임부 수행을 마칠 때마다 그는 칸의 부족에게 자기가 행하고 본 것을 리포트로 주었다.

After each mission, he gave the Kahn a report what he'd done and seen.

본 문장	After each mission, he gave the Kahn a report of (1-1)	과거
(1-1)	what he'd done and seen.	과거완료

해설

- 뒤의 문장은 전치사 'of' 때문에 발생하게 된 문장이다.
- 'he'd'는 'he had'를 줄여서 사용한 것으로 문장이 과거완료임을 알 수 있다. 왜냐하면 그가 행하고 본 것은 'gave'보다 앞선 시제일 뿐만 아니라 결과의 상태이기도 하기 때문이다.

Chapter 9 3개 이상의 문장으로 만들어진 복문장

Chapter 9 3개 이상의 문장으로 만들어진 복문장

9.1 5형식 중심으로 사용된 3개 이상의 복문장

● 아래의 문장은 전체적으로는 2형식 1개의 문장에서 주어 자리에 문장이 온 것이고 뒤의 문장은 'important'를 설명하기 위해 attach된 문장이다. 이러한 경우를 우리는 흔히 '~만큼 ~하다'라고 해서 'as ~ as 용법이라고 하는데 사실 엄격히 말하면 여기서와 같이 '문장이 오면서 부가된 설명이 되었다'라는 것이 맞는 것이다. 여기서 뒤의 'as' 다음에는 문장이 온다는 것이다. 이것은 너무나도 당연한 것으로 '~만큼'이라는 말 자체가 우리말도 문장일 수 밖에 없다.
 (code ; 121-At)

무엇을 먹는가 만큼이나 언제 먹느냐가 중요합니다.
When you eat is as important as what you eat.

문장	문장			
	주어(주절)	동사	보어	
	When you eat	is	as important (1-1)	현재
1-1	as what you eat.			현재

해설

- 예를 들어 'You are as pretty as Kim Taehee.'라고 했을 때 원래의 문장은 'You are as pretty as Kim Taehee is pretty.'에서 뒷부분의 중복된 부분을 생략한 것이다. 그러므로 'You are as pretty as she.'라고 'as' 다음에는 목적격(여기서의 경우는 'her')가 아닌 주격 'she'가 와야 하는 것이다. 이렇게 생각하면 'as ~ as' 용법에서 뒤에 'as' 다음에 주격이 온다는 것은 구태여 외울 필요가 없는 것이다.

● 아래의 문장은 전체적으로는 2형식의 문장으로 보어 자리에 Dw형의 복문장이 왔다.
(code ; 123-Dw)

Gildong이는 일곱 살 때 학교를 다니기 시작한 것 같아.
It is likely that Gildong started school when he was 7 years old.

문장	문장				
	주어	동사	보어(복문장 보어절)		
	It	is	likely that (1-1)		
			1-1	Gildong started school	과거
	현재 시제		Dw형	when he was 7 years old.	과거

해설

- 'likely'는 형용사도 되고 부사도 된다. 여기서는 명사(명사절) 앞에 강조하기 위해 위치하였으므로 형용사이다. 대개 부사는 동사 앞에서 동사를 강조하기 위해 사용한다.
- 보어의 문장 시제는 과거형이지만 전체적으로 보어의 사실을 짐작하는 시점은 현재에 지금 하고 있으므로 현재형을 사용한 것이다.

● 아래의 문장은 전체적으로는 2형식의 문장으로 보어를 설명하기 위한 문장이 Attach(첨부)형으로 왔다. 이 때의 문장이 2형식인데 다시 이 문장의 주어의 자리에 문장이 온 경우이다.
(code ; 123-At(121))

그녀가 의미하는 것은 왕관을 쓴다는 것이 어려운 사람으로서 한 사람의 통치자가 되는 것이다.
What she meant was that being a ruler – the person who were the crown was difficult.

			문장			
	주어	동사	보어			
문장	What she meant	was	that being a ruler the person(1-1)			
			1-1	주어	동사	보어
				who were the crown	was	difficult
	주절 시제	과거		주절 시제	과거	
			시제	과거 (보어절의 시제)		
	문장 전체 시제	과거				

해설

- 'a ruler the person' 이 문장은 '명사 + 보어'의 형태로 되어 있다. 이처럼 영어에서는 어떤 단어를 설명하기 위한 내용이 바로 뒤에 연이어 나온다. '목적어 + 목적보어'의 형태가 그런 경우이다. 직역하면 '~한 사람으로서 한 통치자'라고 할 수 있다. 1-1의 문장은 다시 'the person'을 설명하기 위해 온 문장이다.

● 아래의 문장은 전체적으로는 2형식의 문장으로 여러 개의 보어가 왔는데 그 중 마지막 2개는 단어를 설명하는 문장이 추가되어 Attach형으로 온 경우이다.
(code ; 123-At-At)

아마도 사랑은 충돌과 아픔으로 가득 찬 바다와 같고 밖이 추울 때 불과 같으며, 비가 올 때 천둥과도 같습니다..
Perhaps love is like the ocean, full of conflict, full of pain, like a fire when it's cold outside, thunder when it rains.

	문장			
	주어	동사	보어	
문장	Perhaps love	is	like the ocean, full of conflict, full of pain,	현재
			like a fire (1-1)	
			1-1	when it's cold outside,	
			thunder (1-2)	
			1-2	when it rains.	

※ 팝송 'Perhaps love' 가사 중에서

- 아래의 문장은 전체적으로는 2형식에서 주어의 자리와 보어의 자리에 동시에 문장이 온 경우이다. 그리고 보어의 자리에 온 문장은 다시 Do-While(선결과 후조건)형 문장으로 조건의 문장이 하나 더 붙어 있는 전부 크게 보면 4개의 문장으로 구성되어 있다.
  (code ; 121-123-Dw)

갑자기 생각난 건 제인이 떠날 때 심지어는 '안녕'이라는 말도 하지 않았다는 거야.
What struck me was Jane didn't even say 'Good-Bye' when she left.

주어(주절)	동사	보어(보어절)	
What struck me	was	앞 문장	뒤 문장(Do-While형)
		Jane didn't even say 'Good-Bye'	when she left.
과거	과거	과거	

해설

- 전체는 '주어 + 동사 + 보어' 2형식 문장으로 주어와 보어 자리에 각각 단어대신 문장이 왔으며 보어에는 'Do-While'형의 문장 2개 복문장이 들어있다.

● 아래의 문장은 전체적으로는 2형식에서 주어의 자리에 문장이 온 것이며 2개의 보어를 각각 설명하기 위한 Attach형의 문장이 각자 보어의 자리 뒤에 위치한 것이다.
(code ; 121-At-At)

세익스피어의 희곡들을 그렇게 위대하게 만든 것은 그가 창조한 인물의 성격과 그가 사용한 아름다운 언어였다.
What made Shakespeare's plays so great were the characters he created and the beautiful language he used.

주어(주절)	동사	보어(보어절)		
What made Shakespeare's plays so great	were	the characters (1-1) and the beautiful language (1-2)		
		1-1	he created	과거
		1-2	he used	과거
과거	과거			

> **해설**
>
> - 주절의 문장은 5형식으로 주어 자체가 'what'이다. 그러므로 직역을 하면 '무엇'이 만들었다 세익스피어의 희곡들이 그렇게 위대하게'가 되는 것이다.

● 아래의 문장은 5형식 중 3형식에서 목적어 대신 문장이 오고 다시 그 문장 안에서 2형식의 주어 대신 문장이 온 경우
(code ; 133-121)

네가 지금 우리한테 이야기하는 것이 진짜인지 어떻게 우리가 알지?
How do we know what you are telling us now is the truth?

주어	동사	know의 목적어 대신 온 문장			
		주어대신 온 문장		동사	보어
How do we	know	what you are telling us now		is	the truth?
현재		주절 시제	현재 진행	현재	

해설

- 이 문장은 전체로는 의문문이다.
- 주절의 문장은 4형식이고 목적어1은 'us'이고 목적어2는 생략된 것이 아니라 모르기 때문에 'what'을 사용한 것이다. 마치 what 의문문을 사용하여 주어의 자리에 붙인 것이다.
- 주절의 시제가 현재진행이므로 '말하고 있는 중인 ~~'이라고 해석해야 정확하다.
- know의 목적어로 사용한 문장은 2형식이다.

● 아래의 문장은 5형식 중 3형식에서 목적어 대신 문장이 오고 다시 그 문장 안에서 3형식의 목적어 대신 문장이 온 경우
(code ; 133-133)

그녀는 내가 얼마나 그녀를 사랑하는지 알고 있는지 모르겠어.
I wonder if she knows how much I love her.

주어	동사	wonder의 목적어 대신 온 문장		
I	wonder	주어	동사	knows의 목적어 대신 온 문장
		if she	knows	how much I love her.
현재		현재		현재

해설

- 'wonder'는 '걱정이 된다'는 의미로 우리말로 '모르겠다'는 의미는 영어로는 정말 내용이 몰라서 '모르는 건지' 아니면 염려의 의미로 '모르는 건지'를 구별하여 말한다.

- 아래의 문장은 5형식 중 3형식에서 목적어 대신 문장이 오고 다시 그 문장 안에서 3형식의 목적어 대신 문장이 온 경우
(code ; 133-133)

난 그 사람이 얼마나 외로운 인생이었는지를 알고 있을까 염려돼.
I guess he understands how lonely life has been.

주어	동사	guess의 목적어 대신 온 문장		
I	guess	주어	동사	understands의 목적어 대신 온 문장
		he	understands	how lonely life has been.
현재		현재		현재완료

● 아래의 문장은 전체적으로는 같은 성격의 2개 문장이 'but'로 나열된 것이고 각각의 문장 안에 또 다른 문장이 들어있어 4개의 문장으로 구성되어 있다. 여기서 앞의 문장은 5형식 중에서 목적어 대신 문장이 왔고 뒤의 문장 역시 5형식 중에서 목적어 대신 문장이 왔다.
(code ; Pr133-133)

파운드 키를 눌러야 한다고 쓰여져 있는데 어느 것이 파운드 키인지 모르겠어.
It says I should hit the pound key, but I don't know which one that is.

첫 번째 문장			두 번째 문장		
주어	동사	says의 목적 문장	주어	동사	don't know의 목적 문장
It	says	I should hit the pound key,	but, I	don't know	which one that is
현재	과거		현재		현재

해설

- 위의 문장은 크게 보아서 2개의 같은 성격 문장이 'but'로 나열되어 있으며 다시 앞의 문장은 'says'의 목적어 대신 문장이 왔으며 마찬가지로 뒤의 문장도 'don't know'의 목적어 대신 문장이 온 경우이다.

● 아래의 문장은 5형식 중 3형식에서 목적어 대신 2개의 문장이 온 경우 (code ; 133-Pr)

아내 말이 물건 값은 엄청 세고 품질은 형편 없다던데.
Wife said the prices were too high and quality of the products was terrible.

주어	동사	said의 목적어 대신 온 문장	
		첫 번째 문장	두 번째 문장
Wife	said	the prices were too high	and quality of the products was terrible.
	과거	과거	과거

- 아래의 문장은 전체적으로는 3형식 의문문 문장에서 목적어 대신 2개의 문장이 왔고 그 문장은 Do-While(선결과 후조건)형 문장이며 그 중 앞의 문장은 문장 중간에 온 'to 부정사'의 목적어로 문장이 추가로 한 개가 더 온 온 경우로 전부 4개의 문장으로 구성되어 있다.
(code ; 133-Dw(Vo))

너는 사람들이 다른 사람들을 위험에 빠뜨리거나 괴롭히지 않는 이상 그들이 무슨 위험한 것을 감수하더라도 하고자 하는 것을 하도록 허락되어야 한다고 생각하니?
Do you think people should be allowed to take whatever risks they want as long as they don't endanger or bother others?

주어	동사		think의 목적어 대신 온 Do-While형의 2개의 문장	
Do you	think	Do	people should be allowed to take (1-1)	과거
		While	as long as they don't endanger or bother others?	현재
문장 전체 시제	현재	(1-1)	whatever risks they want	현재

해설

- 'think'의 목적 문장 2개에서 2번째 문장은 'as long as' "~하는 이상"의 의미를 갖는 조건의 문장과 그 앞에 그 조건에 해당하는 결과의 문장이 온 것이다.

- 아래의 문장은 전체적으로는 3형식 문장에서 목적어 대신 문장이 왔고 목적어로 온 문장에서 어느 단어를 설명하기 위한 문장(Attach형)이 추가로 온 경우이다.
(code ; 133-At)

직원들 중에서 부서이동을 원하는 사람을 찾고 있는 것 같아요.
I think they are trying to find someone in the company who will transfer in.

주어	동사	think의 목적어 대신 온 문장	
I	think	they are trying to find someone (who) in the company	현재진행
		who will transfer in.	미래
	현재	someone -> who	

해설

- 각각의 문장의 시제가 서로 다르다. 가만히 생각해 보면 시제가 다른 의미가 너무나 명확하다. 그러므로 '문장의 시제가 일치하여야 한다'는 말은 전혀 맞지 않는 말이다.

- 아래의 문장은 전체적으로는 3형식 문장에서 목적어 대신 문장이 왔고 목적어로 온 문장에서 'songs'를 설명하기 위해 추가로 문장이 붙여진 것이다.
(code ; 133-At)

직원들 중에서 부서이동을 원하는 사람을 찾고 있는 것 같아요.
You will know who I am by the songs that I sing.

주어	동사	think의 목적어 대신 온 문장	
You	will know	who I am by the songs that (1-1)	현재
		1-1	I sing	현재
	미래	that -> songs	

※ 팝송 'Today' 가사 중에서

해설

- 목적어 자리에 온 문장이 현재형인 이유는 현재 처해진 상황이 현재이기 때문이며 이 문장에 포함되는 전치사 'by'의 목적어인 'songs'를 설명하기 위해 붙여진 또 하나의 문장도 이를 설명하는 문장이므로 현재형으로 온 것이다.

- 아래의 문장은 5형식 중 3형식에서 목적어 대신 문장이 오고 다시 그 문장 안에서 본동사가 아닌 타동사(to 부정사)의 목적어 대신 문장이 온 경우
  (code ; 133-Vo)

80대에 있는 한 여자한테 그 여자의 죽은 아버지가 지금 한 마리의 고양이라고 말하는 것이 안전한지 너 정말 생각하는 거니?
Do you really think it is safe to tell a woman in her eighties that her dead father is now a cat?

주어	동사	wonder의 목적어 대신 온 문장		
		주어	동사	knows의 목적어 대신 온 문장
Do you	really think	it	is	safe to tell a woman in her eighties that (1-1)
			1-1	her dead father is now a cat?
현재	현재		현재	현재

> **해설**
> - 'tell' 동사는 4형식에서 주로 많이 사용하게 되는데 그래서 대개 목적어1(간접목적어) '~에게'와 목적어2(직접목적어) '~를'을 갖는다. 위의 문장에서처럼 본동사가 아닌 'to tell'을 사용하여도 마찬가지로 내용상 2개의 목적어를 가질 수 밖에 없다.
> - 그런데 또 위의 목적어2에 단어 대신 문장이 온 경우이다.
> - 전체적으로는 3개의 문장이 왔다고 볼 수 있다.

● 아래의 문장은 전체적으로는 4형식이며 2 번째 목적어 자리에 2개의 문장이 온 경우이며 2개의 문장은 서로 성격이 같은 **Process**형이다. (code ; 144 – Pr)

나한테 말해 주세요, 당신은 나를 사랑할 거라고 그리고 항상 내가 있는 그대로 있게 해 줄거라고.
Tell me you will love me and you will always let it be me.

주어	동사	목적어1	목적어2	
(You)	Tell	me	you will love me	미래
			and you will always let it be me.	미래
현재(명령문)			2개의 문장 성격이 같은 process형	

※ 팝송 'Let it be me' 가사 중에서

> **해설**
> - 명령문의 주어는 당연히 'you'이고 보통 명령문은 주어를 생략한다.

● 아래의 문장은 전체적으로는 4형식이며 2 번째 목적어 자리에 2개의 문장이 왔는데 그 문장은 서로 Do-while(선결과 후조건)형의 문장이다. (code ; 144 - Dw)

내가 집에 도착하면 그 여자에게 전화를 걸겠다고 그녀에게 말해줘.
Tell her I will call her when I get home.

주어	동사	목적어1	목적어2	
(You)	Tell	her	I will call her	미래
			when I get home.	현재
현재(명령문)			Do -While(선결과 후 조건)형 문장	

해설

- 조건의 문장의 시제는 그 조건이 시간에 영향을 특별하게 주지 않는 한 전체 문장의 시제와 상관 없이 현재형으로 쓴다.

● 아래의 문장은 전체적으로는 4형식이며 2 번째 목적어 자리에 2개의 문장이 온 경우이며 2개의 문장은 서로 성격이 같은 Process형이다. (code ; 144 – Pr)

그 여자는 그녀가 산 커디건 스웨터에 관해 불만을 말하고 싶다고 점원에게 말했습니다.
She told the shop assistant that she wanted to complain about the cardigan sweater she had bought.

주어	동사	목적어1	목적어2	
She	told	the shop assistant	that she wanted to complain about the cardigan sweater (1-1)	과거
			1-1	she had bought.	과거완료
	과거			

해설

- 3번째 문장의 시제로 과거완료를 사용한 것은 '그녀가 불만을 말하고 싶은' 시점이 과거이며 스웨터를 산 것은 이미 그 이전이기 때문에 즉 그 당시로 볼 때 이미 물건을 구입해서 갖고 있는 상태였기 때문에 과거완료를 사용한 것이다. 흔히 다른 문법책에서는 이럴 경우 과거완료를 과거보다 앞선 과거라 하여 '대과거'라고 표현한 경우가 많다. 틀린 것이라고 할 수는 없지만 이미 그 당시에 상태가 유지되고 있다는 표현이 더 맞을 것 같다. 왜냐하면 대과거라는 말은 과거보다 훨씬 앞선다는 뜻인데 그렇다면 앞선다는 시점이 구체적으로 몇 초인지, 몇 분, 몇 시간, 몇 일, 등 그 기간의 개념이 애매하기 때문이다. 단 1초 혹은 몇 십분 정도를 앞섰다고 대과거로 표현하지는 않으며 당연히 그 정도면 내용에 따라 다르겠지만 거의 동시에 진행된 시제라고 보아도 무방하기 때문이다.

9.2 Process형 중심으로 만들어진 3개 이상의 복문장

● 아래의 문장은 전체적으로는 2개의 문장이 'so'를 통해서 순서적으로 연결되어 있는 Process형이며 앞의 문장에서 본동사가 아닌 'to admit' 타동사의 목적어로 단어 대신 문장이 한 개 더 들어있다.
(code ; Pr(Vo))

Jane은 그 여자 아이가 늦잠 자는 것을 허용하고 싶지 않았다.. 그래서 그 아이는 스쿨버스가 가스가 떨어졌다는 하나의 이야기를 만들어냈다.
Jane didn't want to admit she overslept, so she made up a story about the school bus running out of gas.

	문장	시제
1번 문장	Jane didn't want to admit (1-1 목적문장),	과거
2번 문장	so she made up a story about the school bus running out of gas.	과거
1-1 문장	to admit -> (that) she overslept,	과거

> **해설**
>
> - 'to admit'는 '허용하다'는 의미의 타동사이므로 반드시 목적어가 필요하다. 우리말도 그렇지 않은가? 허용하는 내용이 없으면 말이 되지 않는다. 그러므로 여기서는 단어 대신 목적어가 문장으로 온 것이다. 이러한 경우 중간에 'that'이 생략되었다고 볼 수 있다. 그러므로 원래 문장은 'to admit that she overslept,'라고 해야 하며 대개 이러한 경우 'that'을 생략을 많이 한다.

- 아래의 문장은 전체적으로는 2개의 문장이 순차적으로 시간의 흐름대로 연결되어 있으며 앞의 문장은 3형식으로 목적어 대신 문장이 왔다.
  (code ; Pr(133))

그가 나의 편지들을 발견했다는 것이 느껴졌고 그는 큰 소리로 하나씩 읽었습니다.
I felt he found my letters, he read each one out loud.

	문장			시제
앞의 문장	주어	동사	목적어	
	I	felt	he found my letters	과거
뒤의 문장	he read each one out loud.			과거

※ 팝송 'Killing me softly with his song' 가사 중에서

- 전체적으로는 2개의 문장이 순차적으로 접속사 'but'으로 연결되어 있고 앞의 문장의 목적어 자리에 문장이 온 경우이다.
  (code ; Pr(133))

난 거기에 있을 수 있으면 좋겠지, 그렇지만 그날 일 때문에 시내를 벗어나 있게 될 거야.
I wish I could be there, but I will be out of town on business that day.

	문장			시제
앞의 문장	주어	동사	목적어	
	I	wish	I could be there,	현재
뒤의 문장	but I will be out of town on business that day.			미래

해설
- 앞의 문장은 일종의 가정법으로 'wish' 다음에 오는 문장은 반드시 과거형의 문장이 와야 한다. 내용상으로 보면 아마도 이미 그러한 상황이 발생하였기를 바라는 마음이기 때문으로 생각된다.
- 가정법이 어려운 이유는 우리말에서는 가정법 과거와 현재를 혼용해서 사용하고 있으며 이를 영어로 표현할 때는 가정법 현재와 가정법 과거를 구분하여야 하기 때문이다. 즉 영국(미국) 사람들이 어떻게 가정법 현재와 과거를 구분하는 지를 알아야 하는 것이다. 흔히 시중의 영어책에서는 가정법 과거는 현재 사실의 반대라고 표현되어 있는데 이 말의 뜻으로 그를 구별하기 쉽지는 않다. 보다 구체적으로 알고 싶다면 필자의 저서 '한국(일본)인에게 맞는 영문법'을 읽기 바라고 곧 이어 출간될 예정인 '가정법의 모든 것들(가칭)'을 보아도 좋을 것이다. 가급적이면 어느 정도 실력이 갖추어 지게 되면 영어 공부를 위한 책보다는 영어로 된 소설, 동화, 신문, 수필 등의 책을 많이 읽는 것이 좋다. 우리도 그렇게 책을 많이 읽으면서 어휘력과 표현력이 좋아진 것이다.

● 아래의 문장은 전체적으로는 2개의 문장이 순차적으로 'but' 접속사로 연결되어 있으며 앞의 문장은 목적어 대신 문장이 온 경우이다.
(code ; Pr(133))

어떤 사람들은 하늘에 있는 물체가 다른 행성에서 방문객을 태우고 온 UFO라고 생각했다. 그러나 이것은 작은 비행체로 밝혀졌다.
Some people thought the object in the sky was a UFO bringing visitors from another planet but it turned out to be a small plane.

	문장			시제
	주어	동사	목적어	
앞의 문장	Some people	thought	the object in the sky was a UFO bringing visitors from another planet,	과거
뒤의 문장	but it turned out to be a small plane.			과거

해설

- 'UFO'는 'unidentified flying object'의 약자로 사용되어 그 앞에 부정관사가 올 때는 이 단어의 첫 음이 모음이기 때문에 'an'이 와야 하지만 'UFO'는 발음을 자음으로 시작하기 때문에 자음으로 취급되어 부정관사 'a'가 온 것이다. 단어의 첫 음이 모음이냐 자음이냐가 중요한 것이 아니라 실제적인 발음이 모음이냐 자음이냐에 따라 'a'가 올 것인지 'an'이 올 것인지가 결정되는 것이다.
- 'UFO'의 발음을 사전에서 찾아 발음을 들어보기 바람.

● 아래의 문장은 전체적으로는 2개의 문장이 'but'를 통해서 연결되어 있으며 뒤의 문장은 3형식으로 목적어 대신 문장이 온 것이다.
(code ; Pr-133)

정오네요, 하지만 밤 중처럼 느껴지네요.
It's noon, but I feel like it's midnight.

	문장			시제
1번 문장	It is noon,			현재
2번 문장	주어	동사	목적어	
	but I	feel	like (2-1)	현재
2-1	it	is	midnight.	현재

> **해설**
>
> - 'like'는 여기서 '~와 같은' 뜻의 부사로 사용된 것으로 보통 명사나 형용사 앞에서 꾸미는 말로 사용되지만 여기서는 문장 전체를 꾸미는 말로 사용된 것이다. 여기서 매우 중요한 사실은 영어에서는 이처럼 단어가 위치에 따라 품사가 변한다는 것이다.
> - 원래의 문장은 'but I feel like that it is midnight.'라고 할 수 있으며 당연히 다른 보통의 문장처럼 'that'이 생략된 것으로 볼 수 있다.

● 아래의 문장은 전체적으로 3개의 문장이 시간의 흐름대로 나열되어 있는 형태이다.
(code ; Pr-Pr)

한 단어를 입력하기만 하고, 그리고 버튼을 누르면 포켓 번역기가 당신에게 즉시 번역을 제공합니다.
Just type in a word, press the button and the pocket translator gives you an instant translation.

	문장	시제
1번 문장	Just type in a word,	현재
2번 문장	press the button,	현재
3번 문장	and the pocket translator gives you an instant translation.	현재

해설

- 엄밀히 보면 앞의 2개 문장은 시간의 흐름대로 나열된 것이고 마지막 문장은 'and'로 연결되어 있는데 이러한 경우는 '앞의 2문장의 내용을 한다면 뒤의 문장이 어떤 결과가 될 것이다'의 선조건 후결과의 문장으로 볼 수도 있을 것이다. 그렇지만 영어식의 표현으로 볼 때는 시간의 흐름으로 보는 것이 타당하다.

- 아래의 문장은 전체적으로는 3개의 문장이 내용상 차례로 설명되어 있다. 그러므로 시간적 흐름은 아니지만 내용상 단순히 나열하고 있으며 이러한 경우는 문장의 순서를 바꾸어도 크게 상관은 없다고 볼 수 있다. (code ; Pr-133)

길동이가 파티에 가지 않았고, 지연이도 역시 가지 않았어. 이러한 사실은 둘 다 거기에 가지 않았다는 의미이지.
Gildong didn't go to the party, and Jane didn't either, which means neither of them went there.

	문장	시제
1번 문장	Gildong didn't go to the party,	과거
2번 문장	and Jane didn't either,	과거
3번 문장	which means neither of them went there.	현재

해설

- 위의 문장 예와 같이 부정문에서의 '역시'라는 의미는 'too'를 사용하지 않고 'either'를 사용한다. 영어는 듣는 사람을 중시하는 청자의 언어이기 때문에 혼돈을 줄이기 위해서 이렇게 'too'를 긍정문, 부정문 동시 사용하는 것보다 분리해서 사용하는 것으로 발전했을 것이다.
- 위의 경우 관계대명사로 사용된 'which'는 앞의 두 문장 전체를 의미하고 그 자체를 주어로 사용하였기 때문에 바로 뒤에 'means' 동사가 나왔다. 이럴 때는 'which'의 계속적 용법이라고 하여 순서대로 해석을 하여도 무방하다.
- 마지막 문장의 시제가 현재인 이유는 보통 속담, 진리, 현상 등은 문장 전체의 시제와 상관없이 현재의 시제를 사용한다.

● 아래의 문장은 전체적으로는 2개의 문장이 내용의 순서에 따라 차례로 나열되어 있다. 그리고 뒤의 문장은 3형식으로 되어 있고 목적어 대신 문장이 들어있다..
(code ; Pr-133)

내가 너한테 브로셔를 보낼 거야, 그럼 네가 그 도시가 얼마나 아름다운 지 네 스스로 볼 수 있어.
I am sending you the brochure so you can see for yourself how beautiful the city is.

	문장			시제
1번 문장	I am sending you the brochure			현재진행
2번 문장 2-1 문장	주어	동사	목적어(목적절) (2-1문장)	
	so you	can see for yourself	how beautiful the city is.	
	현재		현재	

해설

- 1번 문장이 현재진행의 시제이지만 이것은 가까운 미래의 의미로 사용하였다. 이렇듯 현재진행은 가까운 미래의 의미로 종종 사용된다. 어쩌면 지금 보내고 있는지도 모른다. 영어에서 이렇게 사용될 때 현재 그 동작을 진행형으로 하고 있으면 실제 현재진행이고 만일 하지도 않으면서 진행형을 사용할 때는 분명 가까운 미래의 의미로 사용된 것이다. 우리가 흔히 '~ going to'로 사용하는 것도 가만히 보면 이러한 의미이다.
- 감탄문에서 'how'로 시작되는 감탄문은 이렇게 '주어 + 동사'의 형태 즉 문장으로 사용되는 것이 'what' 의문문과 다른 점이다. 'how' 뒤에 형용사를 붙이면 '얼마나 ~한지'의 감탄문이 된다.

- 아래의 문장은 전체적으로는 2개의 문장이 시간의 흐름에 따라 나열되어 있는 Process형 복문장이며 뒤의 문장이 4형식이며 목적어2(직접목적어)의 자리에 문장이 온 것이다.
(code ; Pr-144)

당신은 내 손을 잡고 그리고 저에게 말해 주세요. 모든 눈물과 웃음 속에서도 내 것이 되어 주겠다고
You hold my hand and tell me you will be mine through laughter and through all the tears.

	문장				시제
앞의 문장	You hold my hand				현재
뒤의 문장 2-1 문장	주어	동사	목적어1	목적어2 (2-1문장)	
	and (you)	tell	me	you will be mine through laughter and through all the tears.	
	현재			미래	

해설

- 1번 문장이 현재진행의 시제이지만 이것은 가까운 미래의 의미로 사용하였다. 이렇듯 현재진행은 가까운 미래의 의미로 종종 사용된다. 어쩌면 지금 보내고 있는지도 모른다. 영어에서 이렇게 사용될 때 현재 그 동작을 진행형으로 하고 있으면 실제 현재진행이고 만일 하지도 않으면서 진행형을 사용할 때는 분명 가까운 미래의 의미로 사용된 것이다. 우리가 흔히 '~ going to'로 사용하는 것도 가만히 보면 이러한 의미이다.

● 아래의 문장은 전체적으로는 2개의 문장이 순차적으로 오면서 접속사 'but'로 연결된 Process형의 문장이다. 그리고 뒤의 문장에 이 문장에 대한 어떤 조건의 문장이 붙여진 경우이다..
(code ; Pr-Dw)

실수를 하는 허용하는 사람들은 거의 없다. 그러나 심지어는 자기가 실수를 저지른 후에 이를 고치려고 시도하는 사람들은 더 없다.
Few people admit making mistakes, but even fewer people attempt to correct their mistakes after they have been made.

	문장		
앞의 문장	Few people admit making mistakes,		현재
뒤의 문장	Do	but even fewer people attempt to correct their mistakes	현재
	While	after they have been made.	현재완료

> **해설**
>
> - 앞의 문장보다 뒤의 문장의 주어인 사람들이 더 없기 때문에 'few'보다 더한 비교급인 'fewer'이 온 것이다.
> - 뒤의 문장에서 주어 'they'는 그 사람들을 의미하는 것이 아니라 'mistakes'를 의미한다. 왜냐하면 뒤의 문장은 수동의 형태로 만들어져 있기 때문이다. 직역을 하면 '그것들이 만들어진 후에'가 된다.
> - 마지막 while 문장을 현재완료의 시제를 사용한 것은 만들어진 실수가 지금까지 유지되고 있는 상태이기 때문이다. 그래서 이 실수를 고치려 하지 않는다는 것이다.

● 아래의 문장은 전체적으로는 2개의 문장이 순차적으로 온 문장이며 뒤 문장의 목적어 자리에 문장이 온 경우이다.
(code ; Pr-133)

나를 안아 주세요. 그리고 말해 주세요. 당신은 항상 내 것이 되어 주겠다고.
Hold me and say that you will always be mine.

	문장			
앞의 문장	(You) Hold me			현재
뒤의 문장	주어	동사	목적어(목적절)	
	(you)	say	that you will always be mine.	
	현재		미래	

해설

- 앞의 문장에서 주어 'you'는 생략된 것이다. 일종의 명령어이기 때문에 주어가 생략된 것이다.
- 뒤의 문장에서 주어도 역시 'you'이지만 이렇게 주어가 같은 2개의 문장이 나열될 때는 나중에 나오는 주어는 생략한다. 결국 이 경우는 모두 주어가 생략된 경우이다.

● 아래의 문장은 전체적으로는 2개의 문장이 순차적으로 온 문장이며 뒤 문장에 있는 'at four grey walls'를 설명하는 문장이 붙여져 있는 경우이다.
(code ; Pr-At)

나는 깨어나서 나를 둘러싸고 있는 네 개의 회색 벽을 둘러 봅니다.
I awake and look around me at four grey walls that surround me.

	문장	
앞의 문장	I awake	현재
뒤의 문장	and look around me at four grey walls (1-1)	현재
1-1	that surround me.	현재

※ 팝송 'Green green grass of home' 가사 중에서

● 아래의 문장은 전체적으로는 2개의 상반된 내용의 문장으로 이루어져 있으며 접속사 'but'로 연결되어 있다. 뒤의 문장의 중간에 오는 본동사가 아닌 'to 부정사'의 목적어로 단어가 아닌 문장이 온 경우이다.
(code ; Pr-Vo)

우주로 가는 첫 번째 로켓은 생명체를 싣고 가지 않았지만 나중의 것들은 쥐나 심지어는 개들을 거기에 싣고 갔다. 중력이 그들에게 어떻게 작용할 것인가를 보기 위함이었다.
The first rocket to go into space carried no living creatures, but later ones had mice or even dogs on them to see how gravity would affect them.

	문장	
앞의 문장	The first rocket to go into space carried no living creatures,	과거
뒤의 문장	but later ones had mice or even dogs on them to see (1-1)	과거
1-1	how gravity would affect them.	과거

> **해설**
>
> - 뒤의 문장에서 'mice or even dogs'를 표현할 때 중간에 'or'를 쓴 것은 로켓 하나에 쥐나 개 중 어떤 것을 실었다는 것을 의미하는 것이 아니라 어떤 로켓은 쥐를 또 어떤 로켓은 개를 실었다는 의미로 하기 위해서 'or'를 사용한 것이다.
> - (2-1) attach된 문장에서 'will'의 과거인 'would'를 사용한 것은 문장 자체의 시제가 과거이기 때문이며 로켓이 싣고 가려는 당시에서는 미래에 어떻게 작용될 것인가의 의미로 표현하기 위한 것이므로 미래형을 쓴 것이다. 즉 과거의 시점에서는 미래이므로 'would'가 된 것이다.

● 아래의 문장은 전체적으로는 2개의 문장이 순차적으로 온 문장이며 뒤 문장의 목적어 자리에 단어대신 문장이 온 경우이다.
(code ; Pr-133)

당신을 향해 기도하는 중입니다. 들어보세요, 제가 무어라 말하고 있는 지.
To you I am praying, hear what I am saying.

	문장			
앞의 문장	To you I am praying,			현재진행
뒤의 문장	주어	동사	목적어(목적절)	
	(you)	hear	what I am saying.	
	현재		현재진행	

※ 팝송 'Let it be me' 가사 중에서

> **해설**
>
> - 앞의 문장은 원래 'I am praying to you'라고 해야 하나 'to you'를 강조하기 위해 위치를 바꾼 것이다.
> - 뒤의 문장에서 주어 'you'를 생략한 것은 일종의 명령어이기 때문이다.

- 아래의 문장은 전체적으로는 2개의 문장이 순차적으로 온 문장이며 뒤 문장의 목적어 자리에 단어대신 문장이 오고 다시 그 문장의 목적어 자리에 문장이 왔으며 마지막 단어를 설명하기 위하여 Attach형 문장이 추가 되었다.
(code ; Pr-133-133-A)

저는 10살인데요, 여러분들은 제가 일생동안 불가사의한 물건에 관심을 가져왔다고 말할 수 있다고 생각해요. 유령이 나오는 집들이나, UFO들, 그리고 하늘에서 개구리가 떨어지는 폭풍 같은 거 말이죠.
I'm 10 years old and I guess you could say I've been interested in weird stuff all my life, stuff like haunted houses, UFOs, and storms where it rains frogs.

		문장			
앞의 문장		I'm 10 years old and			현재
뒤의 문장	주어	동사	목적어(목적절) - 과거		
	I	guess	주어	동사	목적어(목적절) - 현재완료
			you	could say	1-1
	1-1		I've been interested in weird stuff all my life, stuff like haunted houses, UFOs, and storms (1-1-1)		
	1-1-1		where it rains frogs.		현재

해설

- 'where it rains frogs' 문장에서 'frogs'가 명사이므로 'rain'은 타동사로 사용된 것이다. 즉 이 문장은 3형식이고 'rain'의 타동사에는 '위에서 ~을 떨어지게 하다'의 뜻이 있다'. 즉 의역을 하면 '하늘에서 개구디들을 떨어지게 하는 곳에 있는 폭풍우'가 된다.

● 아래의 문장은 전체적으로는 순차적으로 2개의 문장이 접속사 'but'로 연결된 경우이며 앞의 문장이 다시 선결과 후조건(If-Then)형이 온 것이다.
(code ; Pr(Dw))

제가 만일 당신을 아프게 하였다면 미안합니다. 그런 의미로 한 것은 아닙니다.
I am very sorry if I hurt you, but I didn't mean to.

	문장	
앞의 문장	I am very sorry	현재
	if I hurt you,	현재
뒤의 문장	but I didn't mean to.	과거

해설

- 뒤의 문장에서 'mean to'는 'mean to hurt'에서 'hurt'가 중복되므로 생략한 것이다.

● 아래의 문장은 전체적으로는 순차적으로 2개의 문장이 접속사 'and'로 연결된 것이며 앞의 문장이 선결과 후조건(Do-While)형 문장이 온 경우이다.
(code ; Pr(Dw))

당신이 내 품에 올 때까지 나는 계속 파트너를 바꿀 거에요. 그리고 그렇게 되면 난 다시는 파트너를 바꾸지 않을 겁니다.
I will keep changing partners till you are in my arms and then I will never change partners again.

	문장	
앞의 문장	I will keep changing partners	미래
	till you are in my arms	현재
뒤의 문장	and then I will never change partners again.	미래

※ 팝송 'Changing partners' 가사 중에서

> **해설**
> - 'till' 뒤에 온 문장은 조건의 문장이므로 현재형 시제를 사용한 것이다.

9.3　If-Then형 중심으로 만들어진 3개 이상의 복문장

● 아래의 문장은 전체적으로는 선조건 후결과(If-Then)형의 문장이며 뒤 결과의 문장이 순차적으로 시간의 흐름에 따라 나열된 Process형이 온 경우이다.
(code ; It-Pr)

만일 그가 나에게 할 말이 생기면, 나에게 직접 와서 말을 해야 합니다.
If he has something to tell me, he should come out and say it.

	문장	
앞의 문장 (If)	If he has something to tell me,	현재
뒤의 문장 (Then)	he should come out,	과거
	and say it.	과거

해설
- 가정법 문장에서 가정법 과거는 뒤 결과의 문장이 'would, should, could, might'등과 같은 과거형 문장이 온다. 그렇다면 앞의 문장인 조건의 문장은 반드시 과거형이 와야 한다. 이러한 것은 보통 영문법에서 기술되어 있는 것으로 하나의 법칙처럼 되어 있다. 하지만 이것은 형식적인 것이 그렇다는 것이지 그 본질은 내용에 달려 있는 것이다. 여기서는 실제로 가정법 과거가 아니라 가정법 현재형이 사용된 것이다. 왜냐하면 '그가 현재 나에게 할 말이 있는 것이 아니고 앞으로 생긴다'는 것을 전제로 하였기 때문이다. 그러면 뒤의 문장이 과거형으로 사용된 것은 'shall'이 와야 하지만 과거형을 사용함으로써 보다 문장의 뉘앙스를 부드럽게 하려고 한 때문이다. 그러므로 이 문장은 문법적으로 틀렸다고 할 수 없다.
- 'and say it'의 문장은 사실상 'and he should say it.'에서 앞의 문장과 중복한 'should'를 생략한 것이므로 과거시제이다.

● 아래의 문장은 전체적으로는 선조건 후결과(If-Then)형의 문장이 있고 그 뒤에 결과의 내용에 목적어 대신 문장이 온 것이다.
(code ; It-133)

만일 그 사람이 당신을 외롭게 떠난다면 꼭 기억해 주세요. 내가 당신을 사랑하고 있다는 것을.
If he ever leaves you blue, just remember I love you.

	문장			
앞의 문장 (If)	If he ever leaves you blue,			현재
뒤의 문장 (Then)	주어	동사	목적어(목적절)	현재
	(you)	Just remember	I love you	

※ 팝송 'Before the next teardrops fall' 가사 중에서

● 아래의 문장은 전체적으로는 선조건의 문장이 2개가 있고 그 뒤에 결과의 내용이 다시 선결과 후조건(Do-While)형 문장이 온 것이다. (code ; It(Pr)-Dw))

만일 그 사람이 당신의 마음을 아프게 하면 그리고 눈물이 흐르기 시작한다면 다음 눈물방울이 떨어지기 전에 제가 그리로 달려 가겠어요.
If he ever breaks your heart, if the teardrops ever start, I will be there before the next teardrop falls.

	문장		
앞의 문장 (If)	If he ever breaks your heart,		현재
	if the teardrops ever start,		현재
뒤의 문장 (Then)	Do문장	I will be there	미래
	While문장	before the next teardrop falls.	현재

※ 팝송 'Before the next teardrops fall' 가사 중에서

> **해설**
>
> - 보통은 if 문장이 2개 나열되어 있으므로 중간에 'and'로 연결하면 되지만 강조하기 위해서 일부러 2번 'if'문으로 작성된 것이다. 뒤의 결과에 해당하는 문장이 다시 'Do-While'형 문장으로 온 것인데 'before'로 시작되는 문장의 내용은 앞의 'Do' 문장의 조건에 해당하는 것으로 'If-Then' 문장의 반대 형태이다. 이렇게 조건에 해당하는 문장은 시제에 상관없이 현재형으로 쓴다.

● 아래의 문장은 전체적으로는 선조건 후결과(If-Then)형의 문장이 있고
그 뒤에 결과의 내용에 목적어 대신 문장이 온 것이다.
(code ; It-133)

내가 이것을 씻는다 해도 깨끗하게 될 거라고 나는 생각 안 해.
Even if I wash this, I don't think it will get clean.

	문장		
앞의 문장 (If)	Even if I wash this,		현재
뒤의 문장 (Then)	주어	동사	목적어(목적절)
	I	don't think	it will get clean
	현재		미래

● 아래의 문장은 전체적으로는 2개의 문장이 선조건 후결과(If-then)이며 앞의 문장인 조건의 문장장에 나열형으로 2개의 문장이 온 것이다. (code ; It(Pr)))

비록 당신이 당신 자신을 잃는다 하여도 그리고 무엇을 해야 할지 모른다 할지라도 사랑의 추억은 당신을 (전부) 알 것입니다.
Even if you lose yourself and don't know what to do, the memory of love will see you through.

	문장	
앞의 문장	Even if you lose yourself	현재
	and don't know what to do	현재
뒤의 문장	the memory of love will see you through.	미래

※ 팝송 'Perhaps love' 가사 중에서

> **해설**
>
> - 'and'로 연결된 문장 2개가 'even if' 조건 안에 포함되는 것이다. 만일 'and'가 없다면 조건이 해당하지 않으므로 의미가 달라지는 것이다. 그러니까 영어에서는 접속사의 위치를 잘 파악하여야 정확한 번역이 된다. 또한 정확한 번역과 왜 그렇게 번역을 해야 하는지에 대한 이유가 분명하지 않으면 영어가 늘 수 없을 뿐만 아니라 당연히 영작을 하지 못하게 될 것이고 회화는 더욱 못할 것이다. 물론 번역을 못하니 더욱 들리지 않을 것이고.

● 아래의 문장은 전체적으로는 선조건 (If-then)의 문장이며 조건의 문장 안에 있는 동사의 목적어 자리에 문장이 온 경우이다.
(code ; It(133))

그 사람들이 '파트너를 바꾸세요'라고 소리쳤을 때 당신은 왈츠를 추며 나에게서 멀어져 갔습니다.
When they called out "Change partners", you waltzed away from me.

	문장		
	주어	동사	목적어
앞의 문장	When they	called out	"Change partners",
	과거		현재
뒤의 문장	you waltzed away from me			현재

※ 팝송 'Changing Partners' 가사 중에서

해설

- 앞의 문장에 있는 동사의 목적어 자리에 온 문장은 직접화법으로 그들이 소리친 내용을 직접 기술한 것으로 명령어이기 때문에 주어가 없다.
- 모든 명령어는 현재형이다. 이것은 사실 우리나라말도 마찬가지이고 아마 전 세계 어느 나라 말도 마찬가지 일 것이다. 명령어를 과거나 미래로 할 수는 없다.

● 아래의 문장은 전체적으로는 '~하게 되면 ~하게 한다'의 내용인 2개의 If-Then형 문장으로 이루어져 있고 앞의 문장이 Process 형식의 2문장으로 이루어져 있고 뒤의 결과에 대한 문장도 역시 2개의 문장으로 이루어져 있는데 뒤의 문장은 3형식의 목적어 대신 문장이 온 경우이다. (code ; It(Pr)-133)

그러나 당신이 내게로 와서 그래서 내가 경탄에 쌓여 있게 되면 가끔은 영원이 보인다고 생각합니다.
But when you come and I am filled with wonder, sometimes I think I glimpse eternity.

		문장		
앞의 문장	문장 1	When you come		현재
	문장 2	and I am filled with wonder,		현재
뒤의 문장	주어	동사	목적어(목적절)	
	I	think	I glimpse eternity.	
	현재		현재	

해설
- 앞의 문장의 경우 'and'는 2개의 문장을 연결시켜주는 접속사이므로 2개의 문장이 'when'의 조건에 영향을 받는다. 이렇게 위치를 정확하게 보고 해석하지 않으면 즉 'and'를 'when'과 상관 없이 '당신이 오면 난 경이로움으로 쌓이게 됩니다.' 이렇게 해석을 하면 안 되는 것이다. 물론 비슷하게 보일 수도 있지만 '당신이 오고 그래서 내가 경이로움으로 쌓여있을 때' 이렇게 해석해야 정확한 것이다.
- 'when'의 문장이 어떤 시간적인 흐름에서 상황을 설명하는 것이라면 'when' 이하의 문장은 전체적으로 뒤에 오는 것이 좋다. 앞에 오는 경우는 대개 가정법처럼 '가정해서 말하는 것이거나 아니면 시간의 흐름을 대단히 강조하고 싶을 때이다.
- 예를 들어 '거기 도착하면 전화해'라고 하는 것은 일종의 가정이나 조건이므로 'When you get there, call me'라고 하는 것이 좋지만 '그가 나에게 전화를 했을 때 나는 공부를 하고 있었다.'라고 시간의 흐름에 관한 내용으로 'when'을 썼다면 'I was studying, when he called me.'라고 하는 것이 자연스럽고 영어식 표현이다.

● 아래의 문장은 전체적으로는 선조건 후결과(If-then)의 문장이 있고 그 뒤에 순차적 내용이 나열되어 있는 문장이다.
(code ; It-Pr)

우리가 그 끔찍한 사고에 대하여 들었을 때 우리는 모두 충격을 받았고 무엇을 해야 할 지 몰랐습니다.
When we heard about the terrible accident we were all shocked and didn't know what to do.

	문장	
앞의 문장	When we heard about the terrible accident	과거
	we were all shocked	과거
뒤의 문장	and didn't know what to do.	과거

해설

- 보통 어떠한 시간적 흐름의 조건은 전달하고자 하는 메시지의 문장을 말하고 뒤에 오는 경우가 보통이지만 여기서는 '들은 것'과 그 후에 '놀란 것'이 시간의 흐름적인 행동이므로 조건 문장이 앞에 오는 것이 자연스럽다.

● 아래의 문장은 전체적으로는 선조건 (If-then)의 문장이 여러 개 있고 그 뒤에 결과의 내용이 나열되어 있는 문장이다.
(code ; It(Pr-Pr))

당신이 지치고 밖에서 있을 때 그리고 길 위에 있게 될 때, 저녁이 외서 너무 힘들어 질 때, 내가 당신을 편안하게 해 드리겠습니다.
When you are down and out, when you are on the street, when evening falls so hard, I will comfort you.

	문장	
앞의 문장	When you are down and out,	현재
	when you are on the street,	현재
	when evening falls so hard,	현재
뒤의 문장	I will comfort you.	현재

※ 팝송 'You raise me up' 가사 중에서

> **해설**
>
> - 보통은 이러한 경우 앞의 조건문장에서 중간에 when을 붙이지 아니하고 각각의 문장을 나열하고 맨 나중에 나타나는 문장 앞에 'and'로 한번만 연결해야 하지만 이 경우 각각의 문장을 강조하기 위해서 계속 'when'을 중복 사용한 것이다. 아마도 노래 (Perhaps love - Sung by John Denver and Placid Domingo)의 운율을 맞추기 위해서 일 수도 있다.

● 아래의 문장은 전체적으로는 '~하게 되면 ~하게 한다'의 내용인 If-Then형 2개의 문장으로 이루어져 있다고 할 수 있다. 그런데 앞의 문장에 동사 'say'의 목적어로 문장이 왔고 마찬가지로 뒤의 문장에도 'mean'의 목적어로 문장이 와서 모두 4개의 문장으로 구성되어 있다. (code ; It(133)-133))

우리가 바나나가 녹색이라고 하면 그것은 아직 익지 않았다는 것을 의미합니다.
When we say that a banana is green, that means it is not ripe.

	문장		
	주어	동사	목적어(목적절)
앞의 문장	When we	say	that a banana is green
	현재		현재
	주어	동사	목적어(목적절)
뒤의 문장	that	means	it is not ripe.
	현재		현재

> 해설
>
> - 위 경우와 같이 일반적 진실이나 속담, 과학적 사실 등은 전부 현재형으로 표현한다.
> - 앞의 문장에서 'that'은 관계대명사로 사용되었으며 뒤의 문장에서 'that'은 주어로 사용되었다.

● 아래의 문장은 전체적으로는 '~하게 되면 ~하게 한다'의 내용인 If-Then형 2개의 문장으로 이루어진 것이고 뒤의 문장은 선결과 후조건 (Do-While)형 문장이 온 것이다.
(code ; It-Dw)

우리가 공중을 점프해서 그 곳에 가게 되면 그 곳엔 아무도 없으니까 아무도 우리를 보지 않게 될 거에요.
When we get there gonna jump in the air, no one'll see us cause there is nobody there.

	문장	
앞의 문장	When we get there gonna jump in the air,	현재
뒤의 문장	no one will see us	현재
	cause there is nobody there.	현재

※ 팝송 'Hard to say I am sorry' 가사 중에서

> **해설**
>
> - 'gonna'는 'going to'의 약어로 정확한 말은 아니지만 워낙 광범위하게 사용되므로 표준어라고 생각해도 좋다.
> - 뒤의 'there is nobody there'의 문장에서 보면 알 수 있듯이 주어로 사용된 'there'는 의미가 없는 가인칭 주어로 사용된 것이고 뒤에 나타나는 'there'는 '거기'의 뜻으로 사용된 것이다. 간혹 주어로 사용된 'there'를 '거기'의 뜻으로 번역하는 사람들이 있는데 이는 잘못된 것이다.

● 아래의 문장은 전체적으로는 '~하게 되면, ~하게 된다'는 선조건 후결과(If-Then)형의 문장이며 그 뒤에 순차적으로 'which' 관계대명사를 사용해서 문장이 추가된 경우이다. 이러한 'which'의 사용을 영문법에서는 'which의 계속적 용법'이라고 한다.
(code ; It-At)

이율이 내려가게 되면 대출 수요가 증가하는 경향을 보이고 그것은 주택시장에 있어서 행동을 자극하는 경향을 보인다.
When interest rates decline, the demand for loans tends to rise which tends to stimulate activity in the housing market.

	문장	
앞의 문장	When interest rates decline,	현재
뒤의 문장	the demand for loans tends to rise	현재
2 번째 뒤의 문장	which tends to stimulate activity in the housing market.	현재

해설

- 'tend' + 'to 부정사'는 '~하는 경향을 보인다'의 뜻으로 사용된다.
- 'which의 계속적 용법'으로 사용된 2 번째 뒤의 문장은 which 자체가 주어로 사용된 경우이며 이럴 때는 '3인칭 단수'로 취급되어 'tends'에 's'가 붙은 것이다. 그렇지만 무조건 3인칭 단수로 취급하는 것은 아니고 'which'를 의미하는 실제적인 단어가 'the demand'이므로 이 말이 현재 3인칭 단수이므로 그 의미를 'which'가 그대로 받은 것이다. 그러므로 'which'가 관계대명사로 사용된 경우는 그 말을 의미하는 앞의 단어에 달려있고 만일 'which'가 의문문의 주어로 사용되어 앞의 의미가 존재하지 않을 때는 '3인칭 단수'로 취급된다.

● 아래의 문장은 전체적으로는 '~하게 되면 ~하게 한다'의 내용인 If-Then형 2개의 문장으로 이루어져 있고 앞의 문장에서 'the part'를 설명하기 위해 문장이 추가로 붙여진 **Attach**형이 온 것이다.
(code ; It(At))

그 남자가 그 여자의 마음을 아프게 하는 부분에 그것들이 도달하게 되면 나는 정말 예전처럼 내 스스로 눈물이 흐르게 되요.
When they get to the part where he is breaking her heart I can really make me cry just like before.

	문장	
앞의 문장	When they get to the part	현재
	where he is breaking her heart,	현재진행
	the part -> where	
뒤의 문장	I can really make me cry just like before.	현재

※ 팝송 'Yesterday once more' 가사 중에서

● 아래의 문장은 전체적으로는 '~하게 되면 ~하게 한다'의 내용인 If-Then형 2개의 문장으로 이루어진 것이고 뒤의 문장에서 문장 중간에 나타난 본동사가 아닌 'to 부정사'인 'do'의 목적어로 문장이 온 것이다.
(code ; It-Vo)

내가 십대일 때에는 우리 부모님은 내가 원하는 것을 절대 못하게 하셨어요.
When I was in my teens, my parents never let me do what I wanted.

	문장	
앞의 문장	When I was in my teens,	과거
뒤의 문장	my parents never let me do (1-1)	과거
(1-1)	what I wanted.	과거

해설

- 'let'이 사역동사이므로 'to do'에서 'to'가 생략된 것이다.

● 아래의 문장은 전체적으로는 선조건 후결과(If-Then)형 2개의 문장으로 이루어져 있으며 앞의 문장의 목적어 자리에 단어대신 문장이 온 경우이다.
(code ; It(133))

내가 바로 거기서 현금을 갖고 있었다는 것을 그가 알게 되자마자 거래는 끝난 상태가 되었습니다.
As soon as he saw I had the cash right there with me, I was done deal.

	문장		
앞 문장	주어	동사	목적어(목적절)
	As soon as he	saw	I had the cash right there with me
	과거		과거
뒤 문장	I was done deal.		과거

> **해설**
>
> - 뒤의 문장에서 'was done'한 것은 일종의 'be + 과거분사'의 형태인데 필자는 이 책에서 이러한 형태도 넓은 의미의 동사로 취급하고 있다. 그것은 5형식에서 동사의 일관성을 유지하려고 하기 때문이다. 이렇게 함으로써 5형식 문장 패턴이 규칙적이라고 말할 수 있게 된다.

● 아래의 문장은 전체적으로는 선조건 후결과(If-Then)형 2개의 문장으로 이루어져 있으며 뒤의 문장에서 'sure'를 설명하기 위한 문장이 Attach형으로 온 것이다.
(code ; It-At)

시작하기 전에 모두 우리의 의견이 같은지 확인하고 싶습니다.
Before we get started, I want to make sure we are all on the same page.

	문장	
앞 문장	Before we get started,	현재
뒤 문장	I want to make sure(1-1)	현재
(1-1)	we are all on the same page.	현재

- 아래의 문장은 전체적으로는 선조건 (If-then)의 문장이 있는 것이고 그 뒤에 순차적으로 문장이 접속사 'cause'로 연결된 것이다.
  (code ; It-Pr)

결국 그 사람도 한 남자이니까 만일 당신이 그 남자를 사랑한다면 그를 자랑스럽게 여기세요
If you love him, oh be proud of him, cause after all he is a just man.

	문장	
앞의 문장	If you love him,	현재
	be proud of him,	현재
뒤의 문장	cause after all he is a just man.	현재

※ 팝송 'Stand by your man' 가사 중에서

해설

- 'cause'는 'because'와 같은 의미로 사용할 수 있다. 그러나 우리말로 해석할 때는 'because'는 앞에서부터 순차적으로 해석하고 'cause'가 있을 때는 위의 해석과 같이 뒤의 문장부터 해석하고 앞의 문장을 해석하는 것이 훨씬 문장의 의미를 살릴 수 있다. 즉 'because'가 올 때는 앞의 문장 후 '왜냐하면' 이렇게 해석이 되고 'cause'는 '~하니까' 이렇게 해석이 된다.
- 영어를 번역할 때보다 우리말을 영어로 번역할 때는 이 점을 더욱 고려하는 것이 좋다. 왜냐하면 '~하니까'의 문장은 우리말과 영어가 반대의 순서로 나열되어 있기 때문이다.

● 아래의 문장은 전체적으로는 선조건 (If-then)의 문장이 있는 것이고 뒤의 문장이 다시 선결과 후조건(Do-While)형 문장이 온 것이다.
(code ; It-Dw)

만일 당신이 경이로움을 본다면 당신도 미래를 잡을 수 있어요. 비록 실패한다 할지라도.
If you see the wonder, you can take the future even if you fail.

	문장	
앞의 문장	If you see the wonder,	현재
뒤의 문장	you can take the future	현재
(Do-While)	even if you fail.	현재

※ 팝송 'I have a dream' 가사 중에서

해설

- 'wonder'는 여기서 명사의 뜻으로 사용된 것이다. 정관사 'the'가 붙어 있으므로 당연히 명사인 것이며 동사 'see' 다음에 위치하였으므로 목적어로 사용된 것이다.
- 이렇듯 영어에서는 위치에 따라 동사, 명사, 형용사 등 품사가 바뀐다. 그러므로 영어에서 단어를 나열하는 순서와 위치는 매우 중요하다. 만일 품사를 모르면 사전을 정확히 찾지도 못하게 되는 것이다.

● 아래의 문장은 전체적으로는 선조건 (If-then)의 문장이 있는 것이고 뒤의 문장이 다시 선결과 후조건(Do-While)형 문장이 온 것이다. 그리고 후조건의 마지막 문장에서 동사의 목적어 대신 문장이 온 경우로 전체적으로 4개의 문장으로 구성되어 있다.
(code ;It-Dw-133)

만일 당신이 세일 중에 뭔가를 사고 나중에 원하지 않는다는 것을 늦게 결정한다면 우리는 환불을 제공하지 않을 것입니다.
If you buy anything during the sale. we won't give you your money back if you later decide you don't want it.

	문장				
앞의 문장	If you buy anything during the sale,				현재
뒤의 문장 (Do-While)	we won't give you your money back				미래
	주어	동사	목적어(목적절)		현재
	if you	later decide	you don't want it.		

해설

- 가정법인 'if' 문장에서 'if' 문장이 현재형이면 즉 가정법 현재이면 뒤에 오는 결과의 문장은 미래형이 온다. 지금처럼 앞으로 일어날 일을 가정해서 말할 때는 가정법 현재형을 사용한다.

9.4 Do-While 중심으로 만들어진 3개 이상의 복문장

● 아래의 문장은 전체적으로는 앞의 문장이 오고 뒤의 문장에서 이유를 설명하는 Do-While(선결과 후조건)형의 문장이며 앞의 문장은 2형식 인데 보어의 자리에 단어대신 문장이 온 경우이고 뒤의 문장은 보어에 있는 단어를 설명하는 말이 문장으로 연 경우로 전체적으로 4개의 문장 으로 이루어져 있다.
(code ; Dw123-At)

내 옆이 내가 당신이 있기를 바라는 곳입니다. 왜냐하면 내 사랑이여, 당신이 알기를 바라는 것이 있기 때문이지요.
Beside me is where I want you to be, cause my love there is something I want you to know.

	문장		
앞의 문장 1-1 문장	주어	동사	보어 (1-1문장)
	Beside me	is	where I want you to be.
	현재		현재
뒤의 문장	cause my love, there is something(2-1)		현재
2-1 문장	something -> I want you to know.		현재

※ 팝송 'Lady' 가사 중에서

> 해설
> - 1번에서 주어는 전치사인 'Beside'이며 'me'는 'beside' 전치사의 목적어로 사용된 것으로 이러한 경우를 전치사의 목적어라고 한다. 당연히 목적어이기 때문에 목적격인 'me'가 온 것이다.
> - 'my love'는 그냥 호칭으로 부른 것이다.

● 아래의 문장은 전체적으로는 선결과 후조건(Do-While)형의 문장인데 앞의 문장 자체도 선결과 후조건(Do-While)형 문장으로 구성되어 있다.
(code ; Dw-Pr)

내 동생이 가게에서 집으로 돌아올 때 무척 힘들어했어. 왜냐하면 식품 가방이 동생이 들기에는 너무나 무거웠거든.
My sister had a hard time when she was coming home from the store because the bag of groceries was too heavy for her to carry.

	문장	
앞의 문장 Do-While	My sister had a hard time	과거
	when she was coming home from the store	과거 진행
뒤의 문장	because the bag of groceries was too heavy for her to carry.	과거

해설

- 뒤의 문장에서 'too ~ to ~' 형태의 문장이 나온다. 영문법에서 흔히 'too ~ to' 용법이라고 설명을 하고 있다. '너무 ~ 하므로 ~할 수 없다'라고 해석하는데 사실 직역을 해도 같은 의미가 된다. 즉 '~를 하기에는 너무 ~하다'가 된다. 구태여 외울 필요가 없는 용법이라고 하기엔 당연한 해석의 결과가 된다.

● 아래의 문장은 전체적으로는 앞의 문장이 오고 뒤의 문장에서 이유를 설명하는 Do-While(선결과 후조건)형의 문장이며 뒤의 문장이 3형식인데 목적어의 자리에 대신 문장이 온 경우이다.
(code ; Dw-133)

그는 그의 차가 흠집이 나있다는 것을 발견하고 무척 화가 났다.
He was very angry when he found that his car was scratched.

	문장			
앞의 문장	He was very angry			과거
	주어	동사	목적어	
뒤의 문장	when he	found	that his car was scratched.	과거

● 아래의 문장은 전체적으로는 앞의 문장이 오고 뒤의 문장에서 이유를 설명하는 Do-While(선결과 후조건)형의 문장이며 뒤의 문장이 다시 선결과 후조건(Do-While)형의 문장이 왔고 다시 그 문장의 목적어에 대신 문장이 온 경우로 전부 4개의 문장으로 이루어져 있다.
(code ; Dw-Dw-133)

나는 해외에 나가서 우리나라에 대해서 얼마나 아는 게 없는지 비로서 깨달았다.
It was not until I went abroad when I realized how little I know about my own country

	문장			
앞의 문장	It was not			과거
뒤의 문장	until I went abroad			과거
뒤의 뒤의 문장	주어	동사	목적어	
	when I	realized	how little I know about my own country.	
	과거		현재	

해설
- 뒤의 문장에서 'how little'은 '얼마나 작은 지'의 의미이다. 즉 '거의 없는 지'로 해석하면 된다.
- 이 문장은 현재형으로 쓰여져 있는데 이렇듯 어떤 현상이나 진실, 현재나 과거나 크게 변하지 않는 상황 등은 실제 시제와 상관없이 현재형으로 사용된다. 이 경우 깨달음 이후 공부를 해서 우리나라에 대하여 많이 알게 되었다는 것을 전제로 한다면 깨달음 당시의 시제를 과거로 써도 무방하다.
- 영어라는 언어는 이렇게 시제에 관한 한 매우 정확한 표현을 하는 경향이 강한 것에 비하면 우리는 시제를 아주 세밀할 정도로 정확히 사용하지는 않는 것 같다.

- 아래의 문장은 전체적으로는 앞의 문장이 오고 뒤의 문장에서 이유를 설명하는 Do-While(선결과 후조건)형의 문장이며 뒤의 문장에는 단어를 설명하기 위해 Process형으로 2개의 문장이 왔다.
(code ; Dw-At-Pr)

모네는 12개의 커다란 파넬을 기증하는데 동의하였다. 단 그것들이 둥그런 방에 전시되고 그 방은 방문객들이 가운데 설 수 있고 수련꽃들에 의해 둘러 쌓여 있어야 하는 조건으로.
Monet agreed to donate twelve big panels if they would be displayed in a round room where visitors could stand in the middle and be surrounded by water lilies.

		문장	
앞의 문장		Monet agreed to donate twelve big panels	과거
뒤의 문장		If they would be displayed in a round room (1-1)	과거
1-1	앞의 문장	where visitors could stand in the middle	과거
	뒤의 문장	and be surrounded by water lilies.	과거

> **해설**
>
> - 1-1의 앞의 문장에서 'where'는 그 앞의 문장 'room'을 의미한다. 이러한 경우 'where'를 관계대명사라고 한다.
> - 1-1의 뒤의 문장이 'and'로 시작하는데 이 문장이 'if 문장과 연결되는 'and'라고 할 수 없는 이유는 'be'동사가 있기 때문이다. 만일 'if' 문장과 연결되었다면 'be'동사가 중복되므로 다시 사용하지 않는다. 즉 영어에서는 같은 단어를 반복 사용하지 않음을 원칙으로 한다. 그러므로 'be surrounded by...' 문장은 'where'문장 안에 들어있는 'and'로 연결되는 Process(나열)형 문장이라고 보아야 한다.

● 아래의 문장은 전체적으로는 앞의 문장이 오고 뒤의 문장에서 이유를 설명하는 Do-While(선결과 후조건)형의 문장이며 뒤의 문장에서 본 동사 'bear'가 아닌 'to 부정사'인 'to see'의 목적어로 문장이 온 경우이다.
(code ; Dw-Vo)

버스 기사 어저씨! 저를 위해서 보아 주세요, 제가 무엇을 보게 될 지를 몰라서 보는 것을 못 참겠으니까요.
Bus driver, please look for me cause I couldn't bear to see what I might see.

	문장	
앞의 문장	Bus driver, please look for me	현재
뒤의 문장	cause I couldn't bear to see (1-1)	과거
1-1	what I might see.	과거

※ 팝송 'Tie a yellow ribbon around ole oak tree' 가사 중에서

해설

- 앞의 문장에서 'look for'는 '찾다'라는 의미로 사용된 것이 아니라 'look' 그리고 'for me'로 분리해서 보아야 한다. 그러므로 '나를 위해서 보아 주세요'의 뜻이 된다. 이러한 경우 글의 앞 뒤 문맥으로 보아서 해석을 해야 한다. 보다 명확히 하기 위해 'look, for me'라고 중간에 'comma'를 넣을 수도 있지만 대화를 할 때 'comma'를 넣을 순 없으므로 어차피 문맥으로 의미를 파악하는 수 밖에 없다.

- 아래의 문장은 전체적으로는 앞의 문장이 오고 뒤의 문장에서 이유를 설명하는 Do-While(선결과 후조건)형의 문장이며 뒤의 문장은 3형식인데 목적어 자리에 대신 문장이 온 경우이다.
(code ; Dw-133)

내가 실수를 저질렀다는 사실을 깨닫기도 전에 'yes'라고 대답을 해버리고 말았다.
(직역 -> 내가 실수를 저질렀다는 사실을 알기 전보다 내가 'yes'라고 말한 순간이 빠르지 않았다.)
No sooner had I said 'yes' than I knew I had made a mistake.

	문장		
앞의 문장	No sooner had I said 'yes'		과거완료
뒤의 문장	주어	동사	목적어
	than I	knew	I had made a mistake.
	과거		과거완료

해설
- 보통 영문법 책에 많이 소개되어 있는 숙어 중 하나가 'no sooner ~ than' 용법이다. 이 문장도 직역을 해보면 그 뜻을 명확히 알 수 있으므로 구태여 외울 필요까지는 없다.
- 다만 이 문장이 어려운 이유는 앞의 문장 즉 'no sooner'가 사용되는 문장이 보통 도치의 형태로 되어있기 때문이다. 원래 이 문장은 'I had said 'yes' no sooner than..' 이렇게 되어야 맞는 문장을 도치 시킨 것이다. 도치를 할 때는 순서의 원칙이 있는데 반드시 '부사 + 동사 + 주어'의 순서로 나열하여야 한다. 여기서는 'no sooner' 둘 다가 부사이므로 앞에 위치 시킨 것이다.
- 마지막 문장은 '내가 실수를 저지른' 과거의 어느 상태를 의미하므로 과거완료 시제를 사용한 것이고 '실수를 알게 된' 시점보다 대답을 한 시점이 앞서게 되므로 역시 '과거완료'의 시제를 사용한 것이다.

9.5 Attach 중심으로 만들어진 3개 이상의 복문장

● 아래의 문장은 전체적으로는 앞의 문장 끝에 있는 단어를 설명하기 위하여 뒤의 문장이 온 것이며 뒤의 문장에서 동사의 목적어가 문장으로 대신 온 경우이다.
(code ; At-133)

학생 중 하나가 야외수업 할 것을 제안한 그런 아름다운 날씨였다.
It was such a beautiful day that one of the students suggested we have class outside.

	문장			시제
앞의 문장	It was such a beautiful day			과거
	주어	동사	목적어	
뒤의 문장	that one of the students	suggested	we have class outside.	
	과거		현재	

a beautiful day -> that 이하 문장이 설명

> **해설**
> - 'such' 다음에는 '관사 + 명사'형태가 오며 'so' 다음에는 그냥 '형용사'가 온다.

● 아래의 문장은 전체적으로는 2형식이며 주어를 설명하기 위해 Attach(첨부)형으로 문장이 왔으며 그 문장의 목적어 자리에 문장이 왔고 다시 그 목적어 자리에 또 문장이 온 경우이다.
(code ; At-133-133)

그가 팔 수 있을 거라고 생각한 만든 첫 번째 발명품은 전기투표 기계였다.
The first invention he made that he thought he could sell was an electric voting machine.

	문장			시제
앞의 문장	The first invention (1-1) was an electric voting machine.			과거
1-1	주어	동사	목적어	과거
	he	made	that (1-1-1)	
	1-1-1	주어	동사	목적어(목적절)	과거
		he	thought	he could sell	과거

해설

- '1-1'은 'the first invention'을 설명하는 Attach형이고
- '1-1-1' that은 'made'의 목적어이며
- '1-1-1'에서 'thought'로 문장이 또 왔다.

● 아래의 문장은 전체적으로는 앞의 문장 끝에 있는 단어를 설명하기 위하여 뒤의 문장이 온 것이며 뒤의 문장이 나열형(Process)으로 문장이 구성되어 있다.
(code ; At-Pr)

내가 그 때 따라 부르곤 했던 그리고 가사를 외우곤 했던 사랑의 노래들이 었어요.
It was songs of love that I would sing to then and I'd memorize each word.

		문장	시제
앞의 문장		It was songs of love	과거
뒤의 문장	문장 1	that I would sing to then	과거
	문장 2	and I'd memorize each word.	과거
songs of love -> that 이하 문장이 설명			

※ 팝송 'Yesterday once more' 가사 중에서

● 아래의 문장은 전체적으로는 앞의 문장 끝에 있는 단어를 설명하기 위하여 뒤의 문장이 온 것이며 뒤의 문장에서 동사의 목적어가 문장으로 대신 온 경우이다.
(code ; At-133)

너무 어두워서 무엇이 있었는지 알아낼 수가 없었다.
It was so dark that I could not make out what it was.

	문장			시제
앞의 문장	It was so dark			과거
뒤의 문장	주어	동사	목적어(목적절)	과거
	that I	could not make out	what it was.	과거
dark -> that 이하 문장이 설명				

해설

- 영문법에서 흔히 'so ~ that' 용법이라고 하여 '너무 ~해서 그래서 ~한다' 이런 의미로 설명한다. 사실 이러한 경우도 직역을 하면 마찬가지 의미가 된다. 위의 경우에서 처럼 '너무 어두웠다, 그 어두운 것은 내가 무엇이 있는지 알아낼 수 없는 어두움이다'라고 해도 결국 같은 뜻이 되며 이러한 직역이 더 영어식이라고 말할 수 있다.
- 목적절 문장은 make out의 목적어로 온 문장이다.

● 아래의 문장은 전체적으로는 앞의 문장 끝에 있는 단어를 설명하기 위하여 뒤의 문장이 온 것이며 뒤의 문장이 선결과 후조건(Do-While)형의 문장으로 구성된 것이다.
(code ; At-Dw)

그들의 오래된 집은 너무 커서 이사할 때 많은 가구들을 주어야만 했다.
Their old house was so large that they had to give away many of their furniture when they moved.

		문장	시제
앞의 문장		Their old house was so large	과거
뒤의 문장	Do	that they had to give away many of their furniture	과거
	While	when they moved.	과거

large -> that 이하 문장이 설명

● 아래의 문장은 전체적으로는 앞의 문장에 있는 단어를 설명하기 위해 Attach형 문장이 오고 또 그 뒤에 'and'로 연결되어 있지는 않지만 같은 맥락의 단어를 설명하기 위한 문장이 선결과 후조건(Do-While)형의 문장으로 온 것이다.
(code ; At-At-Dw)

그들은 한번도 간 적이 없는 어떤 장소와 평범한 아이들이라면 알 수가 없는 것들에 대한 사실을 알았다.
They knew facts about certain places they'd never been, things they couldn't possibly have known if they were ordinary kids.

		문장	시제
앞의 문장		They knew facts about certain places (1-1), (and) things (1-2).	과거
1-1		they'd never been,	과거완료
1-2	Do	they couldn't possibly have known	과거
	While	if they were ordinary kids.	과거

해설

- 1-1 문장의 'they'd'는 'they had'를 줄인 것이다. 즉 'they had never been'을 줄인 말로 '한번도 간 적이 없는'의 뜻이 된다.
- 1-1 문장은 'places'를 설명한 말로 앞의 본문의 문장이 과거이기 때문에 그보다 더 이 전의 경험을 이야기하기 때문에 앞선 시제인 과거완료를 사용한 것이다.

● 아래의 문장은 전체적으로는 앞의 문장 끝에 있는 단어를 설명하기 위하여 뒤의 문장이 온 것이며 뒤의 문장이 선결과 후조건(Do-While)형의 문장으로 구성된 것이다.
(code ; At-Dw)

저는 미국에 온 이후로 제가 직면하고 있는 몇 가지 문제에 대한 것을 글로 쓰고 싶습니다.
I would like to write about several problems which I have faced since I came to the United States.

		문장	시제
앞의 문장		I would like to write about several problems	과거
뒤의 문장	Do-While	which I have faced	현재완료
		since I came to the United States.	과거

problems -> which 이하 문장이 설명

- 아래의 문장은 전체적으로는 앞의 문장 끝에 있는 단어를 설명하기 위하여 뒤의 문장이 온 것이며 뒤의 문장이 선결과 후조건(Do-While)형의 문장으로 구성된 것이다.
(code ; At-Dw)

대부분의 사업들은 회사가 확장될 때 새롭게 만들어지는 일자리와 퇴직 혹은 은퇴하는 직원들을 대체하기 위하여 좋은 인력을 보충하기를 원한다.
Most business need to recruit good personnel to replace workers who retire or quit and to fill new jobs created when the company expands.

		문장	시제
앞의 문장		Most business need to recruit good personnel to replace workers who (1-1) and to fill new jobs created	현재
1-1	Do	who retire or quit	현재
	While	when the company expands.	현재

workers -> who 이하 문장이 설명

- 아래의 문장은 전체적으로는 앞의 문장 끝에 있는 단어를 설명하기 위하여 뒤의 문장이 온 것이며 뒤의 문장에 있는 본동사가 아닌 'to know' 부정사가 필요로 하는 목적어가 문장으로 대신 온 경우이다.
  (code ; At-Vo)

지금 공평한 것은 당신이 알아야 할 것을 내가 당신이 알도록 해야만 한다는 것입니다.
Now it is only fair that I should let you know what you should know.

		문장	시제
앞의 문장		Mow it is only fair	현재
뒤의 문장	문장 1	that I should let you know (2-1)	과거
	2-1	what you should know.	과거

fair -> that 이하 문장이 설명

※ 팝송 'Without you' 가사 중에서

> **해설**
>
> - 'know'에서 'to'가 생략된 것은 앞에 있는 본동사 'let'가 사역동사이기 때문이다.

- 아래의 문장은 전체적으로는 앞의 문장 끝에 있는 단어를 설명하기 위하여 뒤의 문장이 온 것이며 뒤의 문장에 있는 본동사가 아닌 'to know' 부정사가 필요로 하는 목적어가 문장으로 대신 온 경우이다.
 (code ; At-Vo)

지금 공평한 것은 당신이 알아야 할 것을 내가 당신이 알도록 해야만 한다는 것입니다.
There is so many ways I want to say I love you.

		문장	시제
앞의 문장		There is so many ways	현재
뒤의 문장	문장 1	I want to say (2-1)	과거
	2-1	I love you.	
			과거

ways -> that 이하 문장이 설명

※ 팝송 'Lady' 가사 중에서

해설

- 앞의 문장에서 보어가 복수(many ways)임에도 불구하고 동사 'is'가 온 것은 틀리다고 할 수 없다. 우리가 보통 이러한 경우 'There are so many ways….' 이렇게 사용하는데 오히려 이 문장에 문제가 있다고 볼 수 있다. 원래 주어가 단수냐 복수냐에 따라서 'is'가 올 것이냐 'are'가 올 것이냐가 결정되는 것이다. 엄연히 'there'는 단수이므로 'is'가 오는 것이 맞는 것이다. 언제부터인가 'are'가 오면서 관습적으로 통상 쓰여지게 된 것이다. 그러므로 'there is 복수'가 왔다고 해서 틀렸다고 하면 안될 것이다.

● 아래의 문장은 전체적으로 볼 때는 2형식 1개의 문장이 주된 문장이고 앞의 문장은 원래 문장이 아니고 Being compared with의 분사구가 온 것이다. 직역을 하면 '~과 비교를 하면서'의 뜻이 되는데 이러한 문장은 실제로는 우리말로 보면 약간 변형된 형태의 가정법이라고 볼 수 있다. 그러므로 의역을 하면 '~과 비교해 본다면' 이렇게 해석하는 것이 좋다. 그렇다면 앞의 문장은 'be compared with' 때문에 오는 단어 대신 문장으로 왔고 2개의 'Do-While'형 복문장이 온 것이다. 그리고 주된 문장인 뒤의 문장은 2형식의 문장인데 주어의 자리에 문장(주절)이 온 것으로 결국 전체적으로는 4개의 문장이다.
(code ; Vo(Dw)-121)

그가 유명했을 때 벌어들이는 수익과 비교하면 지금 버는 것은 껌(닭 먹이) 값이야.
Compared with what he earned when he was famous, what he gets now is chicken-feed.

	문장			시제
1번 문장	Compared with what he earned			과거
1-1 문장	when he was famous,			과거
2번 문장 + 2-1문장	주어	동사	보어	현재
	what he gets now	is	chicken-feed.	

해설

- 'be compared with'가 문장의 처음 부분에 올 때는 마치 가정법으로 사용된다. 이럴 때는 'Being compared with' 문장이 되는 것이고 보통 이러한 경우 'being'을 종종 생략하고 사용한다. 우리말로 해석을 할 때는 '만일 ~과 비교해 본다면'으로 한다.

9.6 본동사가 아닌 타동사 목적어에 온 3개 이상의 복문장

● 아래의 문장은 전체적으로는 3형식이며 목적어 자리에 'to see' 부정사가 왔다. 그리고 이 부정사의 목적어로 문장이 왔는데 이 문장의 형태가 It형이다.
(code ; Vo-It)

그의 고양이 입술이 말할 때 움직이는 지를 난 보고 싶었습니다.
I wanted to see if his cat lips moved when he talked.

앞의 문장		문장	시제
		I wanted to see (1-1)	과거
1-1	It형	if his cat lips moved	과거
		when he talked.	과거

해설

- 'to see'의 목적어로 1-1 문장이 온 것이고 'if' 문장과 함께 'when' 문장이 온 것이다. 'if', 'when' 둘 다 조건을 전제로 하지만 전체적으로는 앞의 조건이 우선이기 때문에 'It형'으로 분류한 것이다.